박수진 http://cafe.naver.com/bujapharos

"정말 소액으로 시작해서 경매 덕분에 그래도 경제적으로는 여유로운 삶을 살게 된 것은 맞습니다. 그러나 그 경매투자를 하기 위해 반드시 거쳐야 하는 공부와 경험을 건너뛰고 한순간 인생이 바뀐 '대박'이 내게 벌어진 것은 절대 아니에요. 아니 대박이 터졌다고 해도 투자에 능숙할 수 있도록 지속적으로 자신을 성장시키고, 또한 기본을 지키려는 마음이 없다면, 다시 모든 것을 잃게 될 거에요."라고 말하는 저자는 우리 스스로 미래에 대해 준비하기를 진심으로 바라고 있다. 경제 상황이 좋지 않아 정부가 나라의 경제를 살려주기만을 기다리지 말고 미래를 대비할 수 있는 투자 방법에 대해 스스로 공부하기를 진심으로 바라는 것이다. 더욱이 투자하지 않고는 미래를 제대로 대비하지 못하는 시기가 우리들 앞에 도래했기 때문인지도 모른다. 잘못된 투자를 하느니 아무것도 하지 않는 것이 오히려 나을 수도 있을지 모르지만, 투자를 하지 않는 것도 잘못일 수 있다. 투자라는 것에 익숙해져야만 긴 세월 동안 살아남을 수 있는 세상이 되고 있기에 더욱더 그러하다.

저자는 유년 시절부터 평탄하지 않은 삶을 살아왔는데, 그동안의 '믿음'과 '열정'을 통해 이루고자 한 목표를 달성했다. 그 밑바탕에는 '경매'라는 도구가 있었고, 끊임없는 학습과 자기계발이 있어 왔다. "주위에 힘든 삶을 살고 있는 수많은 사람에게 '희망의 등불'이 되고 싶어요. 그리고 '헛된 부의 욕망'에 사로잡혀 주위의 사랑하는 사람들에게 상처뿐만 아니라, 헤어날 수 없는 늪에 빠져들게 하는 사람들에게 당부의 말을 하고 싶어요. 아무쪼록 이 책을 통해 많은 사람이 행복하고, 부자가 될 수 있기를 바랍니다."라고 말하는 저자는 많은 사람에게 '희망'을 일파만과 전해주고 싶어한다. 아직도 자신을 부자로 불러도 될지 몰라 혼란스럽기만 하다고 하는 그녀. 더 큰 부자, 진정한 부자가 되기 위해 현재도 분주한 삶을 살고 있다.

저자는 동국대학교에서 독어독문학을 전공하였으며, 무일푼으로 시작한 캐나다 생활에서 3년간 'Main Tea House'라는 티숍을 성공적으로 경영하여 주위를 놀라게 하였다. 한국에 돌아와 토플 강사로 활약하였는데, 수많은 학생과 학부모로부터 인기를 한 몸에 받았다. 현재는 '무유(http://muyu.co.kr)' 교육용 콘텐츠 제작 사업본부 대표이사로 재직 중이다. 또한, 부자파로스(http://cafe.naver.com/bujapharos) 카페를 운영하면서, 경매투자자로서도 활발히 활동하고 있다.

"열심히 일할 수 있다는 것은 좋은 일입니다. 거기에는 삶의 열정이 있기 때문입니다. 한때는 일을 하고 싶지 않아 무작정 부자가 되길 바란 적이 있었습니다. 하지만 '하고 싶지 않은 일을 어쩔 수 없이 해야 하는 것'만큼이나, '일하지 않고 산다는 것'도 '지루하고 힘든 일이라는 사실'을 나중에는 알게 되었습니다. 물론 하고 싶지 않은 일을 어쩔 수 없이 하는 건 지금도 싫습니다."

The Joy of Story! 다산북스를 만나면 책이 즐거워집니다!
(주)다산북스는 다산 정약용의 실사구시 정신과 애민정신을 실천하는 출판사입니다.

KB013870

나는 쇼핑보다 경매투자가 좋다2

55세 시골 아줌마 순분이의 경매 도전기!

박수진 지음

다산북

 이미 전편에서 많은 이에게 희망과 자신감을 일깨워 주었던 작은 거인, 그녀. 그녀의 좌충우돌 경매 이야기가 다시 시작되었다. 한 편의 소설책과도 같은 맛깔스런 내용에 탄탄한 구성으로 읽는 내내 흥분이 가시질 않았었다. 그녀가 보여주는 '불가능은 없다.'의 긍정의 힘은 많은 초보 경매인에게 다시 한 번 등대와 같은 빛이 될 것임을 나는 확신한다. _ 김남희 파로스경제연구소 회원

 평범하지만 결코 평범하지 않는 그녀. 보통 사람도 단 1%만 더 노력한다면, 삶의 여유를 누릴 수 있다는 가능성을 작은 체구로 보여 준 그녀. 이 두 번째 책이 또 다른 누군가 인생의 등대가 되어줄 것이라고 믿는다. 또한, 지쳐 있던 삶에 희망을 주고, 세상을 향해 두 주먹 불끈 쥐고 다시 달릴 수 있는 원동력이 되어줄 것이다. _ 김민정 주부(前 치과 코디네이터)

이 책은 투자의 달인이 된 사람이 닳고 닳은 투자의 비법을 공개하는 그런 책이 아니다. 보통 우리네 사람들에게 향하는 일반인에 의한, 일반인을 위한, 일반인의 알토란 같은 이야기이다. 평범하기 그지없는 한 여성이 또 다른 세계에 눈떠가는 과정을 열정적이면서도 진솔하게 담았다. 하지만 우리나라가 직면해 있는 문제점 또한 놓치지 않고 함께 고민해보는 그런 책이 아닌가 싶다. 필자의 간절한 가슴으로 쓴 이야기가 다시 한 번 우리 삶에 따뜻한 파장을 일으킬 것이라 기대한다.

_ 온대호 ING 중앙지점 SM/ 부자포럼 대표

평소 생활 속의 경매를 이야기해온 저자가 이를 다시 책으로 엮어냈다. 평범한 일상에 젖어 혹 남에게 뒤처지지 않나 걱정만 하고 있는 분들에게 일독을 권한다. 살아감에 있어 유용한 도구를 장만하는 기회가 되리라 확신한다. _ 우태영 양재동 햇살 중개사사무소 대표

지금은 모두가 어렵다고들 한다. 특히 부동산으로 돈 버는 시대는 끝났다, 혹은 더 기다려야 한다고들 한다. 하지만 언제나 그랬듯이 지나고 나면 그때가 기회였고 또한 놓친 기회를 생각하며 후회를 한다. 저자 박수진이 경매에 관한 실전 에세이를 지금 선보이는 것도 남다른 이유가 있을 것이다. 누구라도 경매를 통해 부자가 될 수 있고, 또 그

길을 열어주고 싶은 바람이 아닌가 싶다. 그녀 특유의 성실함과 남을 배려하는 마음이 문학서를 능가하는 감동으로, 예리한 분석력과 예지력이 탁월한 지침서로 우리를 이끌어갈 것이다. _윤혜준 대경인베스트이사

필자는 저에게서 야단을 참으로 많이 맞았던 것 같다. 하지만 경매투자를 할 때는 그 누구보다도 열심히 하였고, 공부 또한 무척이나 충실하게 했던 학생이었다. 무엇보다 『나는 쇼핑보다 경매투자가 좋다』 1권에 이어 2권의 출간을 진심으로 축하한다. 이 책이 비록 '경매'에 대한 이야기를 다루고 있지만, 삶의 변화와 성공을 열망하고 꿈꾸는 이들에게 강력한 자극제가 될 것으로 본다. 삶에 지친 대한민국 가정과 불안한 미래를 짊어지고 가는 수많은 직장인에게 적잖은 힘과 용기를 줄 것으로 믿는다. _이선우 단국대학교평생교육원 주임교수

삶에 대한 긍정적인 사고와 적극적인 행동들을 서슴지 않는 저자는, 나 자신이 힘들어 바닥에 주저앉아 있었을 때, 다시 일어나게끔 힘을 주었던 비타민과도 같은 존재였다. 나는 기억한다…, 1년여 전 아주 힘들었던 어느 겨울날, 우연히 저자의 저서 한 권을 접하고서, 나의 미래를 밝혀주는 '등대 불빛 같은 희망'을 보았었다. 그때의 느낌이 아직도 내 가슴 속 언저리에 고스란히 남아 있다. 1년이 지난 지금, 남들보다

먼저 떨리는 마음으로 이 책을 읽게 되어 무엇보다도 기뻤다. 조금은 느슨해지고 나태해져가는 나에게 다시금 힘과 용기를 불어넣어준 그녀의 2번째 책은, 또 내게 그렇게 그리움과 비타민 같은 존재로 다가왔다. _ 임홍병 ('토마스') SC제일은행 신림지점 ISA

필자와의 인연은 몇 해 전 단국대 평생교육원에서 시작되어 지금껏 만나고 있다. 필자를 만나보면 매번 느끼는 거지만, 왜소한 외모와는 달리 내면의 큰 에너지와 뜨거운 열정이 느껴진다. 그러면서도 한편 소박한 꿈을 가진 아주 감성적인 여성이란 생각도 든다. 그런 필자와 가까이 지내다 보면, 자신의 꿈을 이루기 위한 열정도 대단하지만, 본인이 가지고 있는 것을 나누고 전달하려는 열정도 대단함을 항상 느껴왔다. 그러므로 이 책을 통해, 본인이 가지고 있는 에너지와, 지금껏 이뤄낸 꿈을, 소박하며 여성스런 감각으로 많은 분께 전달하고, 그것을 통해 많은 독자가 성공하길 소망하고 있음을 알 수 있었다. 성공이란, 대단하거나 거창한 것을 이루는 것이 아니고, "내가 원하는 것을 이루는 것"이라 생각한다. 부디 여러분은, 그런 필자의 소망에 부합하는 성공을 꼭 얻으시길 바란다. _ 조한욱 조하늑 컬렉션 대표

'VJ특공대' 인터뷰를 거절한 이유

전철을 타고 가고 있는데 휴대폰 전화 진동벨이 울렸다. 모르는 전화번호다. 한참을 울리는데도 망설이고 있는 나.

처음으로 언론이나 잡지사에 나갔을 때 인터뷰를 하다가 내심 내 자존심을 많이 다쳤었다.

기자 분들께서 바쁘셨던 탓에 『나는 쇼핑보다 경매투자가 좋다』라는 책을 읽지 못했는지, 책에서 내가 하고 싶었던 의도와는 다르게 인터뷰가 이어지곤 했다.

소심한 내 성격이 그들 앞에서 자꾸 말더듬이가 되어 갔다.

'그게 아니라…… 세상살이가 힘들어도 희망을 잃지 않는다면, 어떤 상황 속에서도 일어날 방법을 찾을 수 있게 된다고……, 경매가 나에게는 그런 것이었다고……, 세상에는 우리가 알지 못하는 많은 것이 펼쳐져 있다고…….'

당당하게 말을 해야 했는데 그러지 못하고 안절부절못했던 나.

인터뷰를 하고 집에 돌아와서는 많이도 앓았다. 평범한 사람이 스포트라이트를 얼떨결에 받을 줄은 생각지도 못해서였나 보다. 내가 세상에 알려진다는 것이, 나의 아픈 이야기들을 많은 사람이 알게 될 것이라는 사실이 인터뷰를 하면서 그제야 현실로 느껴졌던 것이다.

잠시 책을 쓴 것에 대해 후회를 했었다.

그때부터 알지 못하는 전화는 받지 않게 되었다. 그러다 보니 인터뷰를 하겠다는 전화가 점점 줄어들었고 결국에는 잠잠해졌다.

그러던 어느 날 또다시 진동벨이 울렸다. 혹시 중요한 전화일지도 모른다는 생각에 전화를 받았더랬다. 다름 아닌 텔레비전 프로그램인 'VJ특공대'에서 전화를 준 것이었다. 내가 입찰하는 것을 촬영하고 싶다는 것이다. 그때 어떤 대박 난 음식점들을 박진감 있게 소개하던 텔레비전 속의 장면들이 내 머릿속을 순식간에 스치고 지나갔다.

'경매 입찰하는 걸 보여주고 이렇게 뚝딱 수익이 납니다! 하는 것을 보여주려나?' 하는 생각이 들었다.

"죄송하지만 제가 얼굴이 좀 안 돼서 어렵겠습니다." 하고 거절을
했다.

하지만 내가 거절한 이유는 따로 있었다.

> 모두가 시장에서 '빨리 부자가 되는 것'에 대해 생각하고 있다. 나는 수백만의
> 사람이 교육과 경험에 먼저 투자하지 않으면서, 투자할 돈을 빌려가면서까지
> 시장에 투자했다는 이유만으로 모든 것을 잃는 것을 보게 될까봐 걱정이다.

이것은 나의 투자 지침서인 로버트 기요사키와 샤론 레흐트가 함
께 쓴 『부자 아빠의 투자 가이드』에 나오는 말이다.

정말 소액으로 시작해서 경매 덕분에 그래도 경제적으로는 여유로
운 삶을 살게 된 것은 맞다. 하지만 그 경매투자를 하기 위해 반드시
거쳐야 하는 공부와 경험을 건너뛰고 한순간 인생이 바뀐 '대박'이 내
게 벌어진 것은 절대 아니다.

아니 대박이 터졌다고 하여도 투자에 능숙할 수 있도록 지속적으로
자신을 성장시키고, 또한 기본을 지키려는 마음이 없다면 다시 모든
것을 잃게 될 것이다.

한참이 지나고 인터넷으로 'VJ특공대'를 다시 보기 시청을 해보았

다. 경매투자의 양면성을 보여주려고 프로그램을 만든 듯했다.

프로그램에 나와 달라는 요청을 거절한 이후에도 몇 번이고 전화를 주셨는데, 이 자리를 빌려 전화를 받지 않았던 것에 대해 그분에게 사과의 말씀을 드린다.

이제 투자를 하지 않고는 노후 대비를 하지 못하는 시기가 서서히 도래하고 있다.

잘못된 투자를 하느니 아무것도 하지 않는 것이 오히려 나을 수도 있다. 하지만 투자를 하지 않는 것도 잘못일 수 있다. 왜냐하면 투자라는 것에 익숙해져야만 긴 세월 동안 살아남을 수 있는 세상이 되고 있기 때문이다.

우리나라 경제성장률이 점점 낮아지고 있는 것도, 실업률이 높아지고 고령 인구의 비율이 점점 많아진다는 흔한 이야기를 들춰내지 않아도 우리는 현 상태의 심각함을 너무 잘 알고 있다.

우리나라의 제조업은 60%가 넘는다. 하지만 제조업 분야의 강국이라는 자리를 다음 신흥국가들에게 내어줄 수밖에 없는 상황에 처해 있다. 더 많은 사람이 일자리를 잃게 될 것이고, 한 사람의 중년이 네 명의 노인을 부양해야 하는 시기가 다가오고 있는 것이다.

이런 상황에서 우리는 정부가 나라의 경제를 살려주기만을 기다릴 것인가? 아니면 우리 스스로가 미래에 대해 준비를 해볼 것인가?

미래를 대비할 수 있는 투자 방법에는 여러 가지가 있다. 사실은 지금 경제 상황이나 금융시장이 불안하지만 그래도 제일 좋은 투자는 '금융'에 투자를 하는 것이다.

환율과 이자 등을 고려하여 적절한 시점에 적금을 들고, 다음은 채권에 투자하고, 그다음은 주식이나 여러 다양한 금융 상품 등에 투자를 하는 것이다.

하지만 우리는 어떠한가?

일반 사람들에게 투자상품은 그저 생소하기 짝이 없고 투자 전문가들조차도 번번이 손실을 본다.

특히 투자상황이 좋은데도 불구하고 일반 사람들이 매번 실패하는 이유는 단지 주위에서 권하는 추천 상품에 쉽게 가입만 할 뿐 이에 따른 적절한 투자 공부를 하지 않는다. 이것이 가장 큰 요인이다.

우리 부모 세대들은 부동산투자에는 익숙하다. 살 집을 매입하거나 임대를 구하거나 얻으면서 자연히 터득한 것이며, 집 하나라도 마련을 잘 해두면 그것이 나중에 크게 효자 노릇을 한다는 것도 알고 있다.

아마 부동산투자로 가장 덕을 많이 볼 수 있었던 세대가 50~60대일 것이다.

하지만 이제는 부동산투자를 주저한다. 그 이유가 무엇일까?

그것은 미래에 다가올 부동산 거품과 폭락에 대한 '공포' 때문이다. 일본과 미국을 보면서 우리도 언젠가는 저런 일들을 겪게 될 것이라는 불안감이 우리를 사로잡기 시작했다.

하지만 그 미래에 대한 공포심 때문에 지금도 수익을 낼 수 있는 기회를 놓친다면 그 또한 큰 손실이 아닐 수 없다. 이제 우리는 좀 더 현명하게 부동산투자를 할 수 있는 방법을 터득해야 한다.

예전엔 서울 지역의 부동산을 사두기만 해도 돈이 되었지만 지금은 양상이 많이 바뀌었다. 투자를 해야겠다고 결심한 사람들은 예전보다 더 많은 공부가 필요하다.

이럴 땐 경매라는 투자 공부는 현명하게 투자를 하고자 하는 사람들에게 아주 좋은 수단이 될 것이다.

✳ ✳ ✳

이 책에는 한 여자의 이야기가 나온다. 한평생 흙을 갈아 키운 채소를 장에 내다 파는 일을 했던 그녀도 세상이 바뀌었다는 것을 알게 된다. 더는 성실하게 일만 해서는 남아 있는 인생을 보장할 수 없다는 것을 피부로 느낀 것이다.

그래서 예전엔 부정적으로만 보았던 투자의 세계에 눈을 뜨게 되고, 그중 경매라는 것을 배우게 되어 투자를 시작하게 된다.

그 과정은 딸이 경매투자를 했던 사례들로 이야기가 전개된다. 여기에 나오는 사례들과 어머니와 딸과의 대화 내용들은 사실적 바탕으

로 이루어져 있지만 이야기의 전개상 상황이 각색된 부분도 있음을
미리 밝혀둔다.

그리고 이 책에는 화려한 성공담이 즐비하게 담겨 있지는 않다.
필자의 첫 번째 책인 『나는 쇼핑보다 경매투자가 좋다』에서 한 평
범한 여자가 경매라는 투자를 하면서 자신과 끊임없이 싸우면서 보다
더 성장해가는 이야기가 담겨 있다면, 이 책에는 한평생 삶을 누리지
못하고 힘든 인생을 살았던 한 여인이 자신의 틀을 깨고 나와서 새로
운 세상과 만나는 과정을 다루고 있다.
이 여인은 수많은 여자의 자화상이며, 수많은 우리 어머니들의 모습
일 것이다.

오늘날 우리를 존재하게 하고 풍요로운 삶을 갖게 하기 위해 자신의
인생을 희생하며 살았던 모든 어머니에게 이 이야기를 바친다. 또한
그들의 자제 분에게도 이 책을 바친다.

2008년 겨울 문턱에 서서
부자파로스 박수진

55세 시골 아줌마 순분이의 경매 도전기!!

나는쇼핑보다 **경매투자가좋다2**

제1장

34세 젊은 '딸'의 이야기

제5장

'순분이', 55세 늦은 나이에 실전 경매 도전하다

34세
젊은 '딸'의
이야기

너는 와 이리 돈을 쉽게 버노?

> 오래된 습관은 버리기 힘들다. 하지만 변화는 한순간에도 올 수 있다.
>
> – 부자파로스

소파에 앉아서 어머니 순분이가 시장에서 있었던 일들을 풀어놓는다.

"오늘 한 아주매가 자기 자리를 누가 뺏었다고 화를 내다가 쓰러졌다. 날은 푹푹 찌는데 입에 거품을 물고 싸우더니 그만 픽하고 쓰러지더라. 그래서 119구급차가 오고 시장이 난리가 났다."

시장에서는 이렇게 좋은 자리를 서로 차지하려고 싸움이 빈번이 일어난다고 한다. 세상살이가 작은 도시의 시장에서조차 전쟁터라며, 치열한 싸움에서 밀리면 천 원 한 장 벌기가 힘든 거라며 간혹 말씀하시곤 한다.

입담이 좋은 어머니의 생생한 이야기를 듣고 있는데 휴대폰 벨이 울린다. 모 백화점에서 강의를 부탁한다는 전화다. 더 이상 강의를 하지 않는다고 말한 뒤 전화를 끊으니 어머니가 이렇게 말씀하신다.

"너는 와 이리 돈을 쉽게 버노?"

예전에는 내가 대학 공부라도 했으니 돈 버는 법을 알게 된 것이라고 말씀하셨다. 그런데 요즘은 그렇게 말씀하지 않는다.

이제는 좋은 학력을 가졌다고 해서 남들보다 쉽게 돈을 벌 수 있는 것이 아니라는 걸 알고 계신 탓이다.

어머니에게 돈이란 '힘겹게 오는 것'이다. 마음 같아선 왕창 벌고 싶지만 그렇게 쉽게 벌 수 없는 게 돈이라고 믿는다.

어머니는 이런 말씀을 자주 하신다.

"땅을 파 봐라, 십 원 한 장이 나오나."

그래서 그녀는 손가락이 쩍쩍 갈라지도록 일을 했다. 평생 허리 한 번 제대로 펴본 적이 없으시다.

한평생 돈은 그녀에겐 늘 어렵게 와서 이런저런 일로 쉽게 나가버리는 것이었다.

그런데 둘째 딸에게는 신기하게 돈이 저절로 굴러 들어오는 것이다.

"도대체 어떻게 해서 남들 일 년 연봉을 한 달 만에 버난 말이다."

이렇게 묻는 어머니를 보고 씩 웃어 보였다.

어머니가 이제는 나의 말씀을 들으실까? 하는 생각에 조심스럽게 말문을 꺼냈다.

"부자가 되는 법을 따로 공부했지."

"부자가 되는 법도 공부할 수 있는 거니?"

열심히 일해서 모은 돈으로 차곡차곡 저축을 하면 부자가 된다는 믿음을 갖고 살아오신 분이다. 그래서 한평생 누구보다도 열심히 일했고, 백 원도 아껴가며 저축하며 사셨다.

그렇게 수십 년이 지났는데도 아직 부자가 될 기미조차 보이지 않는다. 그런데 딸은 단 몇 년 만에 달라졌다.

"그럼, 부자가 되는 공부는 따로 있어."

"그것도 대학교에서 가르쳐 주나?"

"아니. 엄마, 대학교에선 남을 위해 열심히 일하라고만 가르쳐. 내가 대학을 다닐 때는 그것마저도 가르쳐 주지 않았어.

사회에 나가서는 무용지물이 되어버리는 잡다한 지식들을 공부했고, 그 학점으로 취직을 했어. 사회에서 일하는 법은 스스로 다시 배워야 했어."

24

"그럼 도대체 그 부자가 되는 법은 어떻게 배울 수 있는 거냐?"

"엄마, 부자가 되는 법은 이 세상에 널려 있어. 그 방법을 배우는 건 너무나 쉬워."

이 말이 믿기지 않나 보다. 어머니가 인상을 쓰신다.

"웃긴다. 그게 어떻게 세상에 널려 있나? 그 방법이 그렇게 쉬우면 다 부자가 되었겠다."

"바로 그 점이야, 엄마. 사람들은 부자가 되는 것이 쉽지 않을 거라고 믿고 있고, 그 방법조차 쉽게 배울 수 있는 게 아니라는 생각을 해. 부자가 되길 바라지만 부자가 될 수 없다는 그 믿음 탓에 결코 부자가 되질 못하는 거야."

이 말에 어머니는 입을 다무셨다. 더 이상 길게 말해서는 안 될 것 같아 나도 그만 화젯거리를 다른 걸로 돌렸다.

열심히 일할 수 있다는 것은 좋은 일이다. 거기에는 삶의 열정이 있기 때문이다.

한때는 일을 하고 싶지 않아 부자가 되길 바란 적이 있었다. 하지만 하고 싶지 않은 일을 어쩔 수 없이 해야 하는 것만큼이나 일을 하지 않고 산다는 것도 지루하고 힘든 일이라는 사실을 나중에는 알게 되었다.

물론 하고 싶지 않은 일을 어쩔 수 없이 하는 건 지금도 싫다.

어릴 적 어머니에게 있어 둘째 딸은 반항이 심한 딸이었다. 게으르고 뭐 하나 딱 부러지게 잘하는 것도 없으면서 말조차 잘 듣지 않았다. 그중 이 세상에서 가장 하기 싫은 일이 농사일이었다.

여름방학, 무더운 날에 개울가에 가서 물장구나 치고 놀았으면 하는데 밭에선 빨갛게 익어가는 고추를 따야 했다. 푹푹 찌는 여름에 긴 소매 옷을 입고서 허리를 굽혀 고추를 따는 일은 정말 싫었다.

어쩌다 마지못해 한번 하는 것조차 하기가 싫어 몸서리쳐지는데 어머니는 평생을 하신 거다. 그렇게 남들이 하기 싫은 힘든 일을 했다면 그 대가로 많은 돈을 벌어야 하는데 우리 집은 늘 가난했다.

다음 날 아침이면 돈 걱정에 한숨으로 방바닥이 꺼질 정도였다. 어머니는 힘든 노동으로 자주 앓아눕곤 했다.

평생 일하고 나니 남아 있는 건 여기저기 성치 않은 몸뚱어리뿐이라며, 가끔 신세 한탄도 했다.

어머니에겐 '삶은 어렵고 고통스러운 것'이었다.

그래서 어머니를 닮은 나도 오랫동안 이렇게 생각하며 살았다. 산다는 것은 죽지 못해 사는 것이며, 자가용을 멋지게 몰고 다니고, 넓은 집에 안락하게 사는 사람들은 이미 정해진 운명이 있기 때문에 그렇게 누리고 살 수 있는 것이라고 믿었다……

'나는 결코 누리며 살 수 있는 인간이 아니다.'

이 얼토당토않은 사고의 틀이 나의 30년 인생을 쥐고 흔들었다. 언제나 사람들 앞에서 주눅이 들었다. 나에게 월급을 주는 사람들 앞에서, 나의 동료들 앞에서, 나의 친구들 앞에서 난 주눅이 들었다.

직장 생활을 할 때, 나는 열심히 일했고 분명 좋은 성과를 내고 있었다.

하지만 늘 불안했다.

혹시 내가 어떤 실수로 쫓겨나면 어떻게 하나?

지금 받고 있는 월급을 받지 못한다면 다음 달은 어떻게 살 것인가? 하는 생각들이 매일 나를 몰아세웠다.

돈을 못 벌 수 있다는 생각. 그 돈이 들어오지 않으면 인생이 끝장이다,라는 무서움이 가끔씩 나를 엄습했다.

"돈을 번다는 것이 그리 쉬운 일이니?"라는 말을 우리는 자주 듣는다.

돈을 벌기 위해서 우리는 무언가 커다란 희생을 치러야 한다는 생각을 은연중에 하고 있는 것이다.

그녀는 농사꾼에 노점 상인이다

한국인의 끈질긴 근성은 세계 어느 곳에 있다 하더라도 모든 장애물을 극복할 수 있는 힘이 되어 준다. 이 힘은 모두 우리의 어머니에게서 나온 것이다. 바위 틈에서 자라는 소나무와 같은 한국인의 근성은 어머니가 우리에게 물려주신 가장 큰 재산이다.

늦은 저녁인데 어머니가 전화를 주셨다.

"엄마, 안 자고 웬 전화여?"

밤 아홉 시면 잠자리에 드시는 어머니가 그 시각을 넘겨 딸에게 전화를 주신 게 여간 의아하지 않았다.

"야야, 잠은 오는데 오늘 뉴스에서 '금융 위기'라고 해서 너네는 어떻게 지내노 해서 전화했다."

"뭐? 금융 위기? 우리나라가?"

"아니, 미국서."

이 말에 난 그만 크게 웃음을 터뜨렸다.

"엄마도 '금융 위기'라는 말도 다하나?"

"그래 '금융 위기'란다. 이거 큰일 나는 거 아니가?"

시골에 계신 어머니도 미국 금융시장의 악재에 대해 걱정할 줄은 몰랐다. 그건 바다 건너 일어나는 일인데 파장이 우리나라에도 미친다는 것을 아시는 게다.

"괜찮다."

"그래도 니가 보유한 부동산이 너무 많은데 그걸 다 어짜노?"

"엄마, 경매로 받은 가격쯤에 모두 세를 놓아서 괜찮다."

이렇게 말을 하니 안심이 되시나 보다.

✳ ✳ ✳

그녀는 농사꾼에 노점 상인이다. 직접 농사지은 걸 장터에 나가 파는 일을 20년 넘게 했다.

어버이날 내려가 보았더니 어머니는 장터에 자리를 깔고 앉아 계셨더랬다. 신발을 벗고 계셨는데 구멍 난 양말에 어머니의 엄지발가락이 삐죽 나와 있었다.

예전 같으면, 왜 많은 양말 놓아두고, 아니 양말 살 돈이 없는 것도 아닌데 왜 그런 양말을 신고 있느냐고 한바탕 화를 냈을 일이다. 이제 철이 들어서일까? 이제는 그런 어머니가 아무렇지 않게 여겨져서 빙긋이 웃고 만다.

어머니 역시 그런 자신의 모습을 전혀 부끄러워하지 않는다는 것을 철이 들고 나서야 알게 되었다.

남에게 해코지 안 하고 정직하게 사신 분이다. 누구보다 열심히 사셨다. 그래서 어머니는 누가 어떻게 생각을 하든 당당하신 게다.

그녀는 초등학교 졸업장도 없다.

그래도 학교를 다닐 때는 공부를 잘했노라고 자랑삼아 간혹 말씀하시지만 제대로 교육을 받지 못한 것은 여전히 한으로 남아 있는가 보다.

"나같이 배운 것도 없는 사람이 뭘 한다고."

가끔 이런 말씀을 하시곤 한다.

열여덟 살에 시집을 온 엄마, 그래도 어머니는 시집오기 전에 쌀밥이라도 먹고 살았는데, 아버지는 죽도 겨우 먹고 사는 집안이었단다. 어머니의 말로는 그랬다. 처음에는 그녀의 과장이라고 생각을 했었는데 딱 한 번 아버지께서 어린 시절의 이야기를 하신 적이 있었다.

"우리 때는 학교라는 게 없어서 공터에 움막을 여러 개 쳐놓고 거기서 서울에서 내려온 대학생들이 가르쳤어. 그것도 배워볼라고 산을 몇 개나 넘고 다리도 없는 개울을 건너서 공부하고 해가 거의 다 져서 집

에 돌아오곤 했지. 조금만 늦으면 산속이 컴컴해지니깐 집으로 갈 때
는 쉬지 않고 달렸어. 겨울엔 개울이 얼어서 추위도 건넜는데 여름에
장마 지면 그 개울물이 넘쳐서 못 건너기 때문에 울면서 집엘 돌아오
곤 했어. 어쩌다 아버지가 고무신 하나를 사주면 그게 닳을까봐 신발
은 늘 보자기에 책이랑 싸서 맨발로 걸어 다녔어⋯⋯."

　어머니는 55세, 아버지는 59세. 이 세대들은 많은 아픔과 상상도 할
수 없는 가난을 겪었다. 전쟁의 폐허에서 태어났음에도 굴하지 않고
그렇게 자식들을 낳고 훌륭히 키워 오늘날의 우리나라가 존재하는 게
아닐까⋯⋯.

늑대가 나타날까 보다 했다

우리 어머니들은 작다. 하지만 그 어느 나라 어머니들보다 강하다.   - 부자파로스

　　　　　이곳저곳으로 이사를 다니다 정착한 곳이 '치내 골'이라는 곳이다. 냇가를 끼고 10여 채의 집이 있는 농가 마을이었다. 그곳에서 딸 셋을 데리고 셋방살이를 하셨다.

　아버지는 읍내에 있는 초등학교에 소사 일을 보셨는데, 월급이 너무 적어 어머니 말씀으로는 입에 풀칠도 못할 지경이었단다. 그래서 어머니는 고심을 하다가 소작농 일을 시작하셨다.

　지금도 기억을 하는데 오랜 가뭄으로 논바닥이 쩍쩍 갈라지던 때가

있었다. 자라야 할 벼가 채 크지 못하고 누렇게 말라가는 곳이 많았다. 그래서 자신의 논으로 물을 대기 위해 밤이면 농사를 짓는 사람들은 전쟁을 치러야 했다.

누군가 자신의 논에서 물을 빼갈까 수시로 가서 망을 보아야 했다. 그런 일은 남자의 몫이었는데 아버지께서 당시 소사 일을 보셨을 때는 숙직이라는 제도가 있었다. 학교를 지키기 위해 숙직실에서 밤을 보내야 하기 때문에 논의 물을 지키는 일은 어머니의 몫이었다.

새벽에도 수시로 나가 봐야 했는데, 어머니께서 소작하시던 논은 마을에서 한참이나 떨어진 곳이었다. 가로등 하나 없는 그 컴컴한 밤에 고작 삼십이 채 안 된 어머니가 논을 지키셔야 했던 것이다.

전등도 없어 어머니는 성냥을 허리춤에 차고 나가셨단다.

훗날 이 이야기를 듣던 내가 물었다.

"엄마, 왜 금방 꺼지는 성냥이야?"

"야야."

어머니는 늘 이렇게 이야기를 시작한다.

"늑대 나온다는 이야기가 여기저기서 들려서…… 밤에 나갈 때마다 얼마나 무서웠는지……."

어머니가 무서웠다니! 도저히 믿겨지지가 않는다. 어머니는 늘 무서움도 모르는 당찬 분일 거라고 생각을 했었는데, 어른이 되고 난 후에

야 그동안 알아왔던 어머니가 사실은 그렇지 않다는 사실에 가끔 놀라
곤 한다.

늘 컴컴해질 때까지 일하시다 돌아오시고, 다음 날은 해가 뜨기도
전에 새벽일을 나가시는 분이었다. 그래서인지 어머니에게는 어둠이
전혀 무섭지 않을 거라고 여겼다.

"그래서 늑대가 나오면 성냥으로 불을 켜서 쫓으려고
했지."

이 말에 난 그만 웃음이 나왔다.

늑대는 우리나라에서 60년대 말에 이미 멸종을 했다. 하지만 아직도
산에는 늑대가 있을 거라고 믿는 분들이 의외로 많다.

그래서 마을에서 한때 떠돌던, "늑대가 나타났다."라는 소문에 어머
니는 밤마다 무서움에 떨었던 것이다.

이 이야기를 듣고, 나는 속으로 몹시 놀랐다. '무섭지 않아서 할 수
있는 것'과 '무서워도 하는 것'에는 많은 차이가 있기 때문이다.

한때 무서움도 없는 호랑이 같은 모습에서 한없이 작고
나약한 어머니의 모습으로 나의 인식이 바뀌었지만, 그로
인해 어머니가 위대한 분으로 인식이 바뀌었음은 어쩌면
당연하다고 할 수 있다.

혹자는 말했다.

"무섭지만 한다."

이것은 나의 좌우명이기도 하다. 무서움을 느끼지 못하고 하는 것은
쉽게 할 수 있다.

하지만 무서움을 느끼는데도 한다는 것은 '엄청난 자신과의 싸움'
이다.

밤마다 어머니는 얼마나 끊임없이 자신과 싸워야 했을까?

50년은 더 살 거야

> 자신의 세계관을 버리고 젊은 사람의 관점에서 세상을 보면 훨씬 더 큰 세상, 엄청난 기회와 변화의 세상이 보입니다.
>
> — 『부자 아빠 가난한 아빠』에서

50대에 들어서면서 어머니가 자주 하시던 말씀이다.

"이제 다 늙어서 무얼 한다고."

이렇게 말하는 어머니에게 나는 말한다.

"엄마, 앞으로 평균수명은 백 살이야. 50년을 더 산다고. 그래서 엄마의 나이는 예전의 수명으로 계산하면 30대나 마찬가지야."

좋은 쪽으로 말하려고 했는데 어머니에게는 위안이 되지 않았나 보다.

"야야, 다 늙어서 50년을 더 살면 뭐 하노?"

우리나라의 평균수명은 점점 늘어나 지금 40대나 50대는 앞으로 백 살까지 살 수 있다고 한다. 오래 살 수 있다는 것에 좋아해야 하는데 실상은 그렇지가 않다.

무엇보다 50대에게는 자신이 앞으로 50년을 더 살 수 있다는 사실이 난감하기만 한 게 우리네 현실이다.

예전엔 자녀들이 부모를 부양하는 것이 당연했다. 하지만 은퇴를 앞두고 있거나 은퇴를 한 베이비부머(BABY BOOMER, 2차 세계대전이 끝난 1946년 이후 1965년 사이에 미국에서 출생한 사람들) 세대들은 자녀들에 대한 이런 기대가 줄어들었다.

세상살이가 풍족해지고 더 나아진 것 같은데 부모를 부양하는 것에는 더 각박해진 까닭이 무엇일까?

산업혁명 이후 세상은 급속하게 변했다. 현재 우리는 그 어느 시대보다 편리한 시대에 살고 있다.

각종 발명품과 계속 혁신을 거듭하는 신제품에 버튼 하나면 모든 것이 조작이 되는 시대가 되었다. 자동차가 없는 집이 없다. 휴대폰은 초등학교 아이들도 가지고 다닌다.

여름에는 에어컨이 돌아가고 겨울에는 땔감을 마련해서 아궁이를 지피는 것이 아니라 자동으로 난방이 된다.

초등학생들은 원어민 교사들에게 영어 과외를 받고, 중국의 성장으로 이제는 영어뿐만 아니라 중국어도 배운다. 자녀의 이런 교육을 위해 젊은 부부는 맞벌이를 한다. 그래서 가사도우미가 집으로 와 집안 살림을 도와준다.

겉으로 보기엔 너무나도 풍요로운 삶이다.

하지만 이것은 결코 하늘에서 뚝딱하고 떨어지는 풍요로움이 아니다. 이런 생활을 유지하기 위해 사람들은 더 많은 비용을 지불해야 한다. 그 지불의 대가로 오늘날 성인이 된 자녀들은 많은 빚에 허덕이고 있다.

이런 자녀들이 부모를 부양한다는 건 시간적으로도 금전적으로도 힘들 수밖에 없다.

더군다나 세상은 편리하게 변했지만 세계적인 경기 침체로 부자가 될 기회를 놓친 사람들은 여전히 많고, 그들은 변함없이 저소득층의 삶을 살아야만 한다.

부모를 부양하는 것에 각박해진 것이 아니라 살아가는 것 자체가 각박해진 것이다. 당연히 상대적 빈곤감은 더욱 더 깊어졌다.

지금 50대는 자녀들이 자신을 부양해주길 바라지 않는다. 자녀들이 부모에 대한 생각이 많이 바뀌었듯이 그들도 많이 바뀌었다.

자녀들과 불편함을 느끼며 사는 것보다 따로 사는 것을 더 선호하게 되었다. 그리고 자녀들이 자신들을 부양해주지 않아도 좋으니 지속적으로 손만 벌리지 않기를 바란다. 그만큼 자녀에게 의지하는 것도 많이 줄어든 것이다.

자녀에게 의지하지 않겠다는 생각으로 노후 대비에 대한 걱정은 그만큼 더욱 높아졌다.

아직도 청춘인 것 같은데 국가에서는 "당신은 이제 일할 나이가 지났으니 은퇴를 하시오."라고 한다.

자녀들 교육시키고 결혼시키느라 노후 대비는 제대로 하지도 못했는데 이제는 그만 일을 하라고 하는 것이다. 어느 정도 저축을 해두었다고 하더라도 그것으로 앞으로 50년을 살아갈 수 있을지 막막하다.

제3금융과 관련된 세미나에서 강사가 이렇게 말한 적이 있다.

그들이 선택하는 것은 대부분 자영업이다. 은퇴 자금으로 작은 가게를 시작한다. 전에는 전혀 해보지 않았던 사람들이 돈을 잘 벌 거라는 이야기를 듣고 치킨 가게, 피자 가게는 물론 음식 솜씨 좋은 아내의 말을 듣고 음식점도 마다하지 않고 개업한다.

하지만 돈을 마구 벌 것 같은 환상은 금세 깨지고, 새벽부터 밤늦게까지 일을 한 대가에 비해 엄청나게 적은 금액을 손에 쥐고 허탈해한다. 몇 개월 후 경쟁에서 살아남지 못한 대부분의 사람은 월세만 내다가 결국 가게 보증금까지 갉아먹게 된다. 3년쯤 지나면 은퇴 자금의 50% 이상이 날아가 버린다.

이때부터 마음이 조급해진다. 반 토막이 난 금액으로 어떻게 살 것인가 하는 생각으로 밤잠을 이룰 수 없게 된다.

예전에는 어느 정도 돈을 넣어두면 이자로 생활할 수 있었다. 하지만 지금은 저금리가 지속되는 상황이다. 적어도 7억 원 이상의 돈을 가지고 있어야 도시 근로자 평균임금인 250만 원의 이자를 받을 수 있다고 한다.

하지만 대부분 50대에게는 그만한 돈이 없다. 자산이 7억 원이 넘는다고 하여도 지금 보유하고 있는 부동산을 팔아야 한다는 전제이다. 그런데 지금 살고 있는 주택을 파는 것은 마지막까지 보류한다는 심리를 갖고 있어서, 더더욱 은퇴 후 자금을 어떻게든 운용을 해보아야 한다는 생각은 있지만 뾰족한 방법이 없다. 은행에 넣어두고 이자를 받는 것에는 한계가 있어 그들의 눈에 들어오는 것은 결국 대부업이다.

은행의 이자를 받는 대신 남에게 돈을 빌려주고 이자를 높게 받아 재미를 볼 수 있다는 말에 그들은 사채시장에 뛰어든다. 하지만 돈을 관리할 줄 모르는 사람들은 돈의 속성을 잘 알고 있는 사람들에게 당할 수밖에 없다. 돈을 빌려간 사람들이 갚지 않는 상황에 맞닥뜨리게 되면 경험이 없는 그들로서는 손을 놓고 당할 수밖에 없다. 이런 식으로 그들은 남아 있는 돈마저 공중으로 날려버리게 된다.

이 이야기를 강사에게서 들었을 때 우리 부모 세대들이 얼마나 노후 준비가 되어 있지 않는가를 절감할 수 있었다.

대부업뿐만 아니라 분양을 받으면 월수입 3백만 원 보장이라는 광고를 보고 덜컥 상가분양을 받고서 마음고생을 하는 사람들도 많다. 상가를 관리하는 데는 많은 정보와 노하우가 필요하다.

이렇듯 많은 시장조사와 분석이 있어야 지속적으로 현금 창출이 될 수 있는 알짜 상가를 보유할 수 있는데, 공부는 건너뛰고 겉에 보이는 광고 문구 하나에 속아서 몇억 원의 돈을 한순간에 공중에 날려버리는 우를 범한다.

보통 이런 식이다. 좋은 역세권에 들어선 건물에 상가를 분양받는다. 일하지 않고도 매월 몇백만 원의 돈이 들어올 것 같아 기분이 좋다. 하지만 건물이 다 지어진 후부터 문제가 생기기 시작한다.

생각하기에는 위치가 좋은 것 같은데 경기가 좋지 않아 막상 상가 임대를 하겠다는 사람이 나서질 않는다. 고육지책으로 본인이 직접 그 상가에서 영업을 한다. 자영업을 해본 사람들은 알 것이다. 작은 분식

점이나 커피숍이라도 혼자서 장사를 할 수 없다는 것을.

그래서 그들은 도와줄 사람을 고용하게 된다. 대출받은 이자를 내고 인건비를 빼면 자신의 인건비는 꿈도 꾸지 못한다. 영업은 하지만 가게만 유지하는 셈이 되는 것이다. 돈을 받지 않고 끊임없이 노동을 해야 하므로 더욱 일할 의욕을 상실하게 된다.

결국, 가게 문을 닫게 된다. 그래서 주상복합건물이나 역 주변에 들어선 상가 건물에 비어 있는 점포가 많은 이유가 이 때문이다. 이들은 비어 있는 상가의 대출이자를 갚기 위해 종자돈에 손을 뻗치게 된다. 매월 이자를 갚는 것보다 대출금을 상환하는 것이 나은지 고민하게 된다. 매월 대출이자는 생돈이 나가는 것 같다. 그렇다고 대출금 상환을 하게 되면 이자는 내지 않지만 죽은 상가에 자신의 남아 있는 돈을 다 쓰게 된다.

이러지도 저러지도 못하다 결국 그들이 마지막 선택하는 것이 일부러 대출이자를 갚지 않는 것이다. 즉 경매 처분을 시키는 것이다. 이런 상황이 벌어지는 동안 그들은 지칠 대로 지친다.

차라리 퇴직금으로 아무것도 하지 않았던 것이 그들에겐 더 나았다.

하지만 이것도 쉬운 일이 아니다. 아무것도 하지 않는 것 역시 뒤처지는 것이기 때문이다.

노후 대비를 위해서 무언가는 해야겠는데 평생 알아왔던 지식들이 모두 무용지물인 것 같은 허탈감에 빠진다.

그들은 갑자기 세상에 대해 아무것도 모르는 어린아이가 되어버린 느낌에 빠진다.

✳ ✳ ✳

우리 아버지도 은퇴를 하셨다. 은퇴하고 마누라 순분이랑 여기저기 여행하며 살 거라는 말을 오랫동안 하셨는데, 막상 은퇴를 하고 나니 여행을 다니며 남은 여생을 즐긴다는 것이 그렇게 쉽지만은 않다는 생각이 드셨나 보다.

퇴직 후 3개월, 아버지는 심적으로 많이 힘드셨단다.

이후, 아버지는 어머니의 농사일을 도와 전보다 더욱 열심히 일했다. 은퇴 후에는 노동에서 벗어날 수 있을 것이라고 생각했는데 여전히 힘든 노동일에서 벗어나지 못했던 것이다.

어떤 사람들은 마음 편하게 시골에서 농사지으면서 살고 싶다는 말을 한다. 하지만 농사일이란 게 결코 만만한 것이 아니다. 대부분 몸을 써서 하는 노동일이다. 끊임없는 노동의 연속이다. 그 힘든 노동의 대가치곤 수입은 그리 많지 않다.

그런데 이 사람들은
어떻게 부자가 될 수 있었지?

> 성공하고 싶은가? 그렇다면 실패자의 말을 듣지 말고 성공한 사람의 말을 들어
> 야 한다.
>
> - 부자파로스

어머니가 어느 날부턴가 이것저것 묻기 시작했다.

"경매로 낙찰을 받았는데 사는 사람이 안 나간다고 하면 어찌 되노?"

"나간 사람이 혹시 악한 마음을 먹고 해코지라도 하면 우야노?"

이런 질문에 난 웃음을 참으며 대답한다. 왜냐하면 이전엔 경매의
'경'자조차 듣기 싫어하던 분이었기 때문이다.

"예전엔 경매투자를 일반인들이 하기엔 법적으로 많은 문제점과 애

로사항이 많았어. 하지만 요즘은 법이 많이 개선되어 법적으로 점유자를 쉽게 내보낼 수 있게 되었고, 경매로 낙찰받은 사람에 대한 인식이 많이 바뀌어서 협상도 잘되는 편이야. 즉 낙찰받은 사람이 피도 눈물도 없이 돈만 밝히는 악덕한 인간이 아니라는 인식이 생겨난 거지."

"소유자나 채무자가 집을 비워주는 과정에서 낙찰자에게 해코지를 하는 경우는 거의 없어. 적어도 내 경우에는 그랬어."

경매투자에 대한 관심이 생겨났지만 아직도 이런저런 불편한 생각들이 어머니의 마음속에 가득했다.

"엄마, 엄마가 예전에 경매는 재수 없다고 했잖아? 그런데 요즘은 왜 생각이 바뀐 거야?"

하며 어머니께 물었다.

"그야, 니가 어느 날 경매로 돈을 많이 벌어서 그렇지."

예전엔 부모님에게 부동산투자나 경매투자에 대한 이야기를 하면

"그거 재수 없다, 남들이 망해서 나간 집에는 그만큼 기가 좋지 않은 거다."

라는 말을 하며 나의 이야기를 더 이상 들으려고 하지 않으셨다.

"엄마, 내가 짧은 시간에 많은 돈을 벌 수 있었던 것은 꼭 경매라는 투자를 배웠기 때문만은 아니야. 경매라는 투자 방법을 배우고도 아무것도 하지 못한 사람들도 많아. 하지만 나는 '왜 이 사람들은 부자가

될 수 있었을까?' 하는 생각을 중점적으로 했었어.

엄마가 나를 통해 경매라는 부정적 시각에서 긍정적 시각으로 바뀌었듯이 나도 이 부자가 된 사람들을 보며 나의 오랜 사고가 바뀐 거야."

"그런데 부자가 된 사람들을 어떻게 만나 보냐? 난 딸이라도 두었으니 이렇게 하면 돈을 버는구나 하고 생각할 수 있지만, 다른 사람들에겐 그럴 기회가 있는 게 아니지 않니?"

하며 그녀가 의문을 제기한다.

"엄마, 여기에서도 생각의 문제야. 엄마는 나 말고도 이미 주위에 부동산으로 돈을 번 사람들이 있었어.

예를 들면 작은어머니가 그렇잖아. 작은어머니는 분명 16년 전과는 아주 다른 삶을 살고 계시잖아. 늘 당당해 보이시고. 하지만 내가 알기로는 주위의 사람들은 부러운 시선으로 볼 뿐 그것이 자신의 인생과는 아무런 상관이 없다고 생각할걸."

"너의 작은어머니는 우리처럼 농사를 짓는 것이 아니라 그래도 도시 생활을 한 사람이잖아. (사실 이런 표현이 아닌 '서울 물 먹은 사람'이라고 어머니는 표현했다.) 이렇게 만날 땅만 파고 농사짓는 사람들하고는 다르지."

어머니는 나의 말을 반박하고 싶으셨나 보다.

작은어머니는 16년 전부터 부동산투자를 해오셨다. 그녀도 소액의 금액으로 연립주택을 매입한 것에서부터 시작했다. 작은어머니와 작은 아버지의 일과는 틈만 나면 부동산 중개소에 들르는 것이었다. 이곳저곳 발품을 팔다 돈이 될 것 같은 물건이 나오면 망설이지 않고 계약금을 걸었다.

그렇게 16년을 넘게 해오셨으니 부동산을 볼 줄 아는 안목이 대단할 수밖에 없었다. 하지만 처음에 그들은 다른 사람들처럼 부동산에 대해 잘 몰랐고 돈도 별로 없었다.

한 건, 한 건씩 거래를 성사시키며 얻은 경험과 생겨난 노하우로 오늘날의 그들이 있게 된 것이다. 하지만 그들의 말을 주의 깊게 들어 보려고 하는 사람은 거의 없었다.

처음 작은아버지 내외가 연립을 매입하셨을 때 언니와 나는 그 집에 살았다. 19세였던 나는 부동산투자에 대해 알게 모르게 몸으로 체득하였던 것 같다. 작은아버지 내외분이 정확하게 모든 것을 말씀해주지는 않았지만 그 거래에 대한 이야기 조각을 조금씩 맞추다 보니 나름대로 전체적인 그림을 그릴 수가 있었다.

"아, 이렇게 이 집을 살 수 있었구나."

은연중에 소액의 금액으로 부동산을 매입하는 게 가능하다는 것을 간접 체험하게 된 것이다. 그리고 무엇보다 나에게는 책에서 만난 부자들, 성공한 사람들의 이야기를 읽을 때마다,

"이 사람들은 우리보다 더 못한 환경이었지만 부자가 되었다. 어떻게 이렇게 할 수 있었지?"

하고 생각해보곤 했었다.

물론 나도 한때는 체념적인 생각들을 했었다.

"이 사람들은 나보다 더 똑똑하니깐 이렇게 할 수 있어."

"이 사람들은 내가 갖고 있지 않은 어떤 특별한 능력이 있어."

"이 사람들은 원래 보통 사람들과 다른 사람이었어."

등등, 내가 성공할 수 없다는 변명거리를 늘어놓기에 바빴다. 하지만 성공한 사람들이 말한 것처럼 이렇게 나에게 물어보기로 했다.

"그런데 이 사람들은 어떻게 성공할 수 있었지?"

"이 사람들은 상황이 굉장히 안 좋은 상태에서 어떻게 부자가 될 수 있었지?"

이런 질문을 자주 하게 되다 보니 자연스럽게 '나도 그들처럼 성공할 수 있다는 믿음'이 생겨났다. 그들도 우리처럼 나약한 부분이 있고 약점이 있는, 결코 완벽한 사람들은 아니었던 것이다.

그러나 대부분의 사람이 안 된다고 할 때 그들은 "된다."라고 말했다. 그것이 많은 차이점을 만들었다는 것을 그들을 통해 배울 수 있었다.

왜 우린 다른 결과를 만들어내는 걸까?

> 성공한 사람들의 책을 읽을 수 있다면, 당신도 성공할 수 있는 기회를 가질 수 있다.
>
> – 부자파로스

어머니와 함께 작은아버지 내외분 이야기에 빠져 있었다.

"그러니까 엄마는 '돈을 벌었다고 하는데 실제로 봤어야지.' 하지 말고, 작은어머니에게 어떻게 해서 그렇게 되었는지 한번 쉽게 설명을 해달라고 해봐.

작은어머니도 할 수 있다면 엄마도 할 수 있다는 자신감이 생길 거야. 그리고 분명 그 방법이라는 것이 생각보다 더 단순한 것일 거야."

어머니가 피식 웃으며 나를 본다.

> 부를 쌓고 유지하는 요령을 연구하다 보니 부를 창출하는 방법은 아주 단순하다는 사실을 깨달았다. 하지만 대부분의 사람은 기본 요령을 잘못 이해하기 때문에 결코 부를 쌓지 못한다. 잘못된 계획과 신념들의 충돌로 인해 이런 결과가 생긴 것이다."
>
> – 안소니 라빈스

"그런데 넌 도대체 그 짧은 시간에 그 많은 공부를 어떻게 한 거야? 네가 하는 방법들을 다 어디서 배운 거냐?"

이렇게 말하는데 아버지가 옆에 와 앉으신다.

"그야, 다 책에서 배운 거지. 엄마는 둘째 딸이 집에 와서 빈둥거리는 것만 봤지? 하지만 난 한순간도 손에서 책을 뗀 적이 없어. 봐봐. 지금도 책을 들고 있잖아."

하며 마침 손에 들고 있는 책을 보여 준다.

그 책은 브라이언 트레이시의 『성공시스템』이었다. 조용히 듣고만 계시던 아버지가 말문을 여셨다.

"그래, 아이들이 성공하길 바란다면 책을 읽게 하란다. 책을 많이 읽는 사람들이 성공한다면서."

아버지께서 식상한 말씀을 하셨지만 아버지의 뉘앙스에는 다른 의

미가 담겨 있었다.

내가 책 읽기를 좋아하게 된 것은 모두 아버지 덕분이다. 그래서 아버지는 책의 중요성을 딸이 알게 된 것이 모두 아버지 때문이라는 것을 은근히 어머니에게 내비치고 싶으셨던 게다.

어릴 적 아버지가 밤늦게 수레에 책을 한가득 싣고 오신 적이 있다. 마음이 여리신 분이라 책 판매원의 부탁을 거절하지 못하셨는지 백 권도 넘는 책을 수레에 싣고 오신 것이다.

경제적으로 무척 어려웠던 시절이라 어머니는 아버지에게 무척 화를 내셨다.

한동안 그 책은 선반에 꽂힌 채 먼지만 쌓였다. 그런데 어느 무료한 날 심심해서 책 하나를 집어 들고 읽기 시작했는데 너무 재미가 있어서 밥을 먹는 것조차 잊을 정도였다.

책 속에선 전에는 생각도 해보지 못했던 이야기들이 넘쳐났다. 그 백여 권의 책을 읽고 나니 나는 더욱더 많은 책을 읽고 싶어졌다. 그래서 나는 늘 책을 들고 사는 아이가 되었다.

훗날 부자가 되는 법 또한 책 속에서 발견했다. 돈을 버는 공식, 그 단순한 부를 창출할 수 있는 방법들이 모두 그 속에 있었다.

한 젊은 여자 분이 내게 말했다.

"우리 어머니는 책을 자주 읽는 분이 아니에요. 그런데 수진 씨 책은 밤을 새워 읽더라고요. 그리고 다음 날 이렇게 말씀하시는 거예요."

"애야, 돈 걱정은 하지 마라. 우리도 부자가 될 수 있단다."

책 한 권으로 인생이 바뀌었다는 사람이 많다. 그만큼 책은 우리에게 강력하게 영향을 끼친다. 그래서 우리는 책을 읽어야 하며 어떤 종류의 책을 읽느냐도 그래서 중요하다.

우리는 책을 통해 부자가 된 사람들의 경험을 습득할 수 있다. 그들이 수십 년 시행착오를 겪으며 얻은 값진 경험을 책 한 권으로 비교적 짧은 순간에 습득할 수 있다.

하지만 동일한 책을 읽고도 왜 각자 다른 결과를 얻어내는 것일까?

첫째, 자신에 대한 믿음을 오래 간직할 수 없기 때문이다.

우선 앞에서 말한 것처럼 우리는 우리가 성공할 수 없다는 믿음을 은연중에 갖고 있다. 하지만 주위를 둘러보라.

학력, 나이, 신체적 조건이 다른 사람들에 비해 열악함에도 불구하고 성공한 사람들은 수없이 많다. 책이나 어떤 자극에 의해 갖게 된 '나도 성공할 수 있어!' 또는 '나도 부자가 될 수 있어!'라는 믿음을 끝까지 가져가지 못하고 금세 잊어버리는 탓이다.

둘째, 인생을 전적으로 자신이 책임지고자 하는 마음이 결여된 까닭이다.

부동산 강좌를 할 때 몇 사람이 내게 이런 말을 했었다.

'당신의 책을 읽고서 직장을 그만두었습니다. 모두 당신 책임이니 나를 부자로 만들어주셔야 합니다.'

이런 말을 들을 때마다 난감하다.

그들은 책을 읽고 분명 내면의 변화가 있었다. 자신도 부자가 될 수 있다는 믿음을 갖게 된 것이다. 하지만 아직까지는 전적으로 자신의 인생을 책임지겠다는 마음가짐은 없다.

이런 마음가짐이 있어야 어떤 장애도 넘어서게 되는 것이다.

✱ ✱ ✱

안소니 라빈스는 사람들이 경제적으로 성공하지 못하는 가장 일반적인 이유에 대해 다음과 같이 말하고 있다.

첫째는 현재 생활을 지탱하는 데 필요한 자금보다 더 많은 여유자금을 갖는 것에 대해 부정적 사고를 갖는 것과 그렇지 않은 것을 구분하지 못하기 때문이고, (사람들은 여유로운 돈으로 가족들에게 더 많은 것을 해주고 싶고, 더 많은 것을 누리고 싶지만 반대로 돈이 많은 것이 죄악이라는 사고도 동시에 갖고 있다.)

둘째는 돈을 버는 단계가 너무 복잡하다고 생각하는 것이고,

셋째는 모든 것이 한정적이라고 믿는 결핍의 개념을 갖고 있기 때문이라고 했다.

여기서 두 번째 이유를 이렇게 설명을 하고 있다.

"사람들은 '전문가'가 도와주기를 바란다. 전문가의 조언이 있다면 아주 유익하겠지만, 우리는 모두 경제적 결정에 따른 결과를 이해하도록 훈련받아야 한다.

누군가에게 완전히 의존하면 그들이 아무리 능력이 있어도 결과에 대해 언제나 비난하게 된다. 그러나 자신이 책임을 진다면 자신의 운명을 좌우할 수 있다."

예전 어떤 투자에 있어 실패한 경험이 있는 사람들은 종종 남을 탓하는 버릇이 있다. 어떤 사람의 조언을 듣고서 투자를 했는데 실패를 했다고 말한다.

그러니 그 실패는 그 사람의 잘못이라는 것이다. 하지만 그 조언이 타당하다는 결정을 내린 사람은 정작 본인이다. 그 누구도 아닌 본인의 책임인 것이다.

타인의 조언에 대해 탓하는 사람들은 앞으로도 그렇게 할 수 있다. 그때 잘못된 결정을 한 것이 자신이라고 생각한다면 분명 그 경험으로 다음 투자는 더 현명하게 하겠다고 결심해야 한다.

하지만 남을 탓하는 사람들은 어떤 좋은 정보를 얻는다 해도 잘못된 투자를 하기가 쉽다. 그래서 이런 현상에 빠지지 않으려면 어떤 문제도 자신이 모두 책임을 져야 한다는 단단한 각오가 있어야 한다. 그래야 실수를 하더라도 다시 일어설 수 있다.

현 상태가 만족스럽지 못하다. 그래서 미래에 대한 준비를 해야 할 것 같은데 아무것도 하지 못하는 이유 역시 바로 이러한 실수에 대한 두려움 때문이다.

✳ ✳ ✳

나도 실수를 많이 했다. 이런저런 많은 시행착오를 겪었다. 하지만 성공이라는 목표와 그 실수에서 배우고 일어서겠다는 마음이 강했으므로 난 다시 일어섰고, 이리저리 부딪히며 목표한 방향으로 나아갔다.

한 친구가 브라이언 트레이시의 강연을 듣고는 전화를 걸어 내게 이렇게 소리를 질렀다.

"오늘 난 나의 인생이 바뀌었다고!"

흥분된 목소리로 소리를 질렀던 그 친구는 일 년 후 브라이언 트레이시와 같은 사람이 되어 있었다. 금전적으로 사회적으로 낙오자였던 그는 강연을 들은 후 일 년 동안 많은 일을 겪었다. 물론 포기하겠다는 마음도 여러 번 있었다.

하지만 그는 다음 날 다시 일어섰고, 목표한 바를 하나하나 이뤄갔다. 내가 가까이서 보았지만 그는 기적 같은 일을 성공시켰다.

그 강연에서 브라이언 트레이시가 말한 내용이다.

"저는 어제 아침 LA에서 서울행 비행기를 탔습니다. 비행기가 LA공항을 이륙하자 조종사가 안내 방송을 시작했습니다.

'손님 여러분 이 비행기는 12시간 37분 후 서울에 착륙할 예정입니다.' 12시간 37분 만에 간다는 겁니다.

비행기를 좀 아시는 분이라면 비행기는 운항 시간 중 99%의 시간 동안에는 정해진 궤도에 있지 않다는 걸 아실 겁니다. 99%의 시간 동안에는 궤도에서 벗어나 있다는 의미입니다. 모든 비행기는 99%의 시간 동안 궤도에서 벗어나 있습니다.

그렇기 때문에 조종사들은 계속해서 비행기를 정상 궤도로 되돌아오게끔 조종하는 것입니다. 바람이 비행기를 움직일 수 있고, 기류나 구름 때문에 위아래로 왔다 갔다 할 수도 있습니다.

하지만, 실제 비행기가 언제 서울에 도착했는지 아시겠습니까? 정확히 12시간 37분 만에 도착했습니다. 인천공항 도착 시간은 LA공항을 이륙할 때 안내했던 도착 시간과 정확히 일치했습니다.

여러분이 미래에 대한 분명한 비전이 있고, 완벽한 미래에 대해 분명하게 그림을 그리고 있다 하더라도, 실제로는 다양한 시도를 하면서 실수도 하고 그 와중에서 여러 교훈도 배우게 됩니다.

궤도 밖으로 나갔다가 안으로 들어오고, 다시 밖으로 다시 안으로 왔다 갔다 할 수밖에 없습니다. 하지만 적당한 시기에 여러분은 목표를 달성하게 될 것입니다. 여러분 목표의 공항에 여러분이 처음 생각했던 대로 여러분이 방향만 분명히 알고 있다면 도달할 수 있을 것입니다."

브라이언 트레이시의 말처럼 우리 인생의 비행기는 목표한 바대로 나아가야 한다. 목표가 있어야만 항해를 시작할 수 있고, 항해가 시작되었다고 해도 여러 이유로 우리는 항로를 벗어날 수도 있을 것이다.

하지만 정해진 항로로 끊임없이 돌아오려는 노력을 포기하지 않는다면, 우리는 분명히 목적한 공항, 정해진 시간에 도착할 수 있을 것이다.

제2장

55세
시골 아줌마
'순분이'의
이야기

징글맞은 돈

> 돈의 성질을 모르면 평생 돈의 노예로 살게 된다.   – 부자파로스

늦은 저녁 집에 돌아와 허겁지겁 밥을 먹었다. 12시쯤 준비해간 도시락을 먹고 나서 저녁 9시에 밥을 먹는 것이다. 여전히 저녁 식사를 하고 있는 남편을 혼자 두고 물 한 사발을 들이켰다. 그리고 안방으로 들어가 허리춤에 찼던 돈주머니를 풀었다. 오늘은 얼마나 벌었는지 궁금하여 마음이 급해진다.

시장에서 채소를 팔고 번 돈이다. 구겨진 천 원짜리 지폐들을 펴고 한 장 한 장 정성 들여 센다. 다음은 5백 원짜리 동전이다. 이렇게 십

원짜리 동전까지 다 세고는 너덜해진 공책 하나를 서랍장에서 꺼냈다.

비뚤한 글씨로 숫자 하나하나 연필로 꾹꾹 눌러 써넣는다.
"102,500원."
이 숫자 위엔
"101,500원."
이라고 적혀 있다. 어제보다 1,000원을 더 번 셈이다. 순분이의 입가
에 미소가 번진다. 이번 달에 번 돈이 제법 된다.

서울 월급쟁이도 이만한 돈은 못 벌겠지 하는 생각에 어깨가 으쓱해
진다. 그런데 밥을 먹어서일까 피로감이 몰려온다. 하루 종일 장터에서
서 있었던 터라 다리와 어깨가 심하게 아파왔다.

어깨를 두드리며 공책을 서랍장 안에 넣는데 거울 속 자신의 모습이
비친다. 엉클어진 머리, 눈은 빨갛게 충혈되어 있다. 그리고 굵은 주름
이 몰라보게 늘었다. 눈가의 주름을 손으로 펴본다. 그래도 다시 돌아
오는 주름.

거울 속에 비친 손이 시커멓다. 손가락이 쩍쩍 갈라져 피가 말라 맺
혀 있고, 손톱 밑은 검은 흙물이 들어 지워지지 않은 지 이미 오래다.

딸의 결혼식 때 이 손이 부끄러워 락스 물에 수세미로 몇 번이고 밀
었는지 모른다.

'난 이제 오십이 넘었다.'

이 생각을 하니 화가 치밀어 오른다.

'곱고 예뻤던 시절에도 꾸미지도 못하고 늘 일만 했는데, 이젠 꾸며도 예쁘지 않을 그런 나이가 되었구나.' 하는 생각을 하니 왠지 허탈하다.

장롱 속에서 베개를 끄집어내어 누웠다. 주방 쪽에서는 남편의 설거지하는 소리가 들린다.

'아, 남편도 많이 변했구나.'

과묵한 남편은 전형적인 경상도 남자다. 그런 남편이 이제 아내를 위해 설거지를 한다.

그녀는 한평생 피땀으로 땅을 갈아 농사를 지어 그걸 장에 내다 파는 일을 하며 살았다. 그렇게 번 돈으로 지금 살고 있는 집을 지었고, 아이들 공부를 시켰다.

그런데 그뿐이다.

수십 년 전이나 지금이나 똑같이 일을 해야 했고 지금도 일을 해야 한다. 장에 나가 채소를 파는 일이 힘들지만 돌아와 돈을 세어보는 기쁨도 있다. 그러나 하루가 멀다 하고 몸살이 난다. 이젠 그녀의 몸이 버티질 못하는 것이다.

'그래도 막내가 아직 자리를 안 잡았는데……."

딸 셋에 아들 하나를 두었다. 세 딸 모두 시집을 갔지만, 이제 군대에서 제대한 막내아들이 가슴 한쪽에 걸린다.

몸은 피곤하건만 돈 생각을 하니 자리에서 벌떡 일어나진다.

남편이 문을 열고 묻는다.

"왜 눕지 않고 일어났어?"

불편한 다리로 힘겹게 앉는 남편을 보니 가슴이 짠하다. 남편도 하루 종일 농사일에 고단할 것이다. 학교에서 소사 일을 하던 때와는 많이 달라졌다.

은퇴를 하면,

"우리 순분이랑 여행하며 재미나게 살 거야."라고 말하던 남편이었다. 하지만 그가 받는 연금과 그들 부부가 모아놓은 돈으로 남아 있는 인생 자식들한테 짐이 되지 않고 살기엔 턱없이 부족하다.

그래도 남편이 퇴직연금이라도 받으니 다른 시골 사람들보다는 조금 형편이 나은 셈이다. 하지만 늙어서 자식들에게 짐이 되지 않으려면 지금이라도 더 벌어두어야 한다는 생각으로 남편이 은퇴를 한 후에도 제대로 쉬어본 적이 없다.

'그렇게 쉬지 않고 일을 하건만 미래가 불안한 것은 어찌 된 셈인가?'

가슴이 답답하다. 남편에게 말하여 둘째 딸에게 전화를 넣어보라고 한다. 남편이 숫자를 누르고 수화기를 건네준다.

벨이 몇 번 울리고 둘째 딸 목소리가 들린다.

그런데 귀가 잘 들리지 않아 크게 소리를 지른다.

"야야, 잘 안 들린다!"

그러니 딸이 수화기 건너편에서 큰 소리로 다시 말한다.

"엄마, 오늘 또 장에 갔나?"

"그래 장에 가야지. 하루라도 안 가면 채소가 늙어버려 안 된다."

채소는 때를 맞추어 장에 내다 팔아야 한다. 그러지 않으면 팔리지 않아 농사짓느라 들인 비용이 날아가 버린다.

"엄마 그렇게 나처럼 경매투자를 해보라니깐."

또 둘째가 경매 타령이다.

"그러지 말고 니가 하나 받아둬."

이 말에 딸이 놀란다. 둘째는 경매로 여러 채의 집을 사들였고 그것들이 모두 두 배쯤 올랐다. 몇 년 전 돈이 없어 2백만 원을 빌리며 하염없이 울었던 둘째다.

"어? 정말?"

순분이의 말이 믿기지 않는지 딸이 묻는다. 전화를 끊고도 그녀의 가슴이 벌렁거린다. 그래도 딸을 한번 믿어보고 싶다.

돈이란 정말 징글맞은 것이다.

첫째 딸이 태어난 지 얼마 되지 않아 불덩어리가 되더니 이내 피똥을 쌌다. 약값조차 없어 괜찮아지길 바라며 사흘을 버텼다.

하지만 아이는 좀체 나아지질 않았다. 안 되겠다 싶어 포대기로 첫째를 업고 옆집으로 뛰어갔다.

"아이가 죽어가요. 약값이 없으니……."

순분은 그렇게 옆집 아주머니를 붙들고 절규했다. 옆집도 형편은 마찬가지였지만 선뜻 약값을 건네준다. 정신없이 뛰어간 약방에서 약사가 혀를 찬다.

"아이가 이 지경이 되도록…… 약 한 첩만 먹이면 될 것을……."

이 말에 가슴이 찢어진다. 아이는 약을 먹이고 나니 괜찮아졌다.

'다행이다, 다행이다……' 하며 가슴을 쓸어내렸다. 그때 순분이의 나이 열아홉이었다. 그때는 다 그렇게 시집을 와서 아이를 낳고 키웠다. 그런데 요즘 아이들을 보니 자신이 얼마나 어린 나이에 엄마가 되었나 싶다.

약 하나 먹지 못하고 며칠 생사를 넘나들었던 그 딸은 고맙게도 착하게 잘 자라주었다. 그러나 맏이라는 이유로 농사일로 바쁜 순분이를 대신하여 집안일을 도맡아 해준 딸에게 변변한 옷 한 벌 제대로 사 주질 못했다.

겨울이면 얼어 터진 손을 호호 불며 얼음을 깬 물로 빨래를 하고 설거지를 했던 딸이다. 농사일도 야무지게 잘하던 아이였다. 동생 셋을 엄마 대신 돌보았다.

그 첫째가 시집을 가서 세 아이의 엄마가 되었다. '늘 미안한 나의

첫째 딸.'

그렇게 집안일을 말없이 도와주는 딸아이가 학교에 낼 돈이 있다고 하면 늘 이렇게 말하곤 했다.

"지금 십 원 한 장도 없다. 선생님한테 돈이 없다고 해라."

첫째는 자존심이 강한 아이였다. 학교 선생님 앞에서 돈이 없어서 못 가져왔다는 말을 하는 걸 죽기보다 싫어할 아이였다. 그런 말을 하길 무척이나 싫어한다는 것을 알면서도 그녀는 그렇게 말할 수밖에 없었다.

그런 날 밤이면 첫째는 지나가듯 넌지시,

"오늘 선생님한테 손바닥을 맞았다."라고 말하곤 했다.

하지만 정말로 돈이 없었다. 아이들이 자라던 시절엔 부부가 열심히 일을 해도 밑 빠진 둑에 물을 붓는 격이었다. 그런 기간이 참으로 오래 갔다.

세상살이가 징글맞고 돈이라는 게 징글맞아 매일 아침 눈을 뜨는 것조차 무서웠다. 너무 힘들어질 때는 벽을 마주 보고 며칠을 앓아누웠다.

하지만 그녀는 늘 털고 일어났다. 아니, 이를 악물고 털고 일어서야 했다. 상황이 나아지지 않는다 하더라도 아이들을 지키고 가족을 지켜내려면 우선은 열심히 일하는 것밖에는 도리가 없었다.

시골이건만 농사지을 땅이 없어 소작농부터 시작했다. 그렇게 하나

하나 일구어갔다. 성실히 일한 덕분에 지금은 남 눈치 안 보고 따뜻한 방에서 배부르게 밥을 먹게 된 것이다.

'하지만 정말 이게 옳은 삶이었을까? 이렇게 살다 저세상 가는 것이 옳은 것인가?'

하는 생각이 문득문득 엄습해왔다. 당장 내일 죽는다면 정말 억울할 일이다. 남들이 사소하게 누리는 즐거움조차 멀리하고 일만 하며 살았다. 이 세상에 한번 나왔으니 뭔가는 얻고 가야 하는데 아무리 찾아도 허탈한 마음만이 앞설 뿐이다.

'그래도 아이들은 건강하게 잘 커주었잖아.'라고 자위를 하다가도, 아이들에게도 언제 어떤 일이 닥칠지 모르는데, 하는 생각을 하면 또다시 마음이 무거워진다.

예전엔 열심히 일만 하면 그래도 제 앞가림을 할 수 있는 세상이었는데, 지금은 세상이 너무 복잡하고 그만큼 경쟁도 치열해졌다. 이런 세상에서는 성실함 말고도 다른 그 무엇인가가 필요하다는 것을 농사꾼인 순분도 이제는 알고 있다.

어떻게 하든 아들놈 하나는 자리를 잡고 번듯하게 성공하도록 내가 뒷바라지를 해줘야 할 텐데, 하는 생각에 얼굴이 찡그러진다.

"우리 순분이 또 오만 가지 근심 걱정을 다하고 있구먼."

하며 남편이 허허 웃으며 생각을 골똘히 하고 있는 그녀에게 핀잔을 준다.

오만 가지 근심 걱정.

그래 그녀의 삶은 끊임없는 노동과 멈추지 않는 오만 가지 근심 걱정으로 채워져 있다.

하지만 이것저것 무언가 걱정하지 않으면 더 큰일이 날 것 같아 미리미리 걱정하는 습관을 버리지 못하는 것이다. 그 오만 가지 걱정 중 가장 큰 놈이 바로 '돈'이었다.

돈을 버는 대로 악착같이 십 원 한 장까지도 모았다. 하지만 돈을 모으는 속도보다 세월이 가는 속도가 훨씬 빨랐다. 예전엔 이 정도만 하면 괜찮은 금액이야 하던 게 이제는 푼돈이 되어 버렸다.

몇십 년 일하고 번 돈인데 남아 있는 몇십 년을 보장해줄 수 없으니 말이다.

돈은 쫓아가도 언제나 그녀보다 더 빨리 저만치 가 있다.

이제는 되었겠지 하고 일하는 것을 잠시 멈추고 돌아보면 돈은 어느 사이 저 앞에 달려가 쫓아오라고 소리치고 있다.

'에구, 징글맞은 돈.'

장에서 벌어 오는 돈만으로 만족하며 살고 싶은데 그것으론 부족하고 또한 그녀가 언제까지 할 수 있을지도 모르는 일이다.

쉽게 굴러 오는 돈

> 쉽게·들어온 돈은 쉽게 나간다가 아니라, 그 돈에 대한 주인이 될 자격이 없다
> 는 생각이 돈을 나가게 한다.
>   – 부자파로스

새벽 다섯 시에 일어나기 위해 자리에 누웠다. 남편이 불을 껐는데 전화벨이 울린다.

'이 밤중에 누가…….'

전화를 받아보니 서울에 있는 동서다.

"형님 주무셨어요?" 하며 미안해하며 안부를 묻는다. 동서가 전화를 한 이유는, 이번에 상가를 사는 데 이천만 원이 부족하다, 한 달 후에

갚겠으니 돈이 있으면 좀 빌려달라는 것이었다.

　전에도 목동에 있는 아파트를 사는 데 천만 원이 부족하다며 빌려갔다가 약속한 날짜에 넣어준 적이 있었다. 하지만 동서가 돈을 제때 갚기 때문에 이번에도 "그러마." 하고 대답해준 것은 아니다.

　첫째 딸이 고등학교를 졸업하고 서울에 직장을 구해 올라갔을 때도 동서의 신세를 졌고, 둘째 딸마저 대학 때문에 신세를 진 것이 있기 때문이다.

　그땐 동서네도 몹시 가난한 시절이었다. 거실에 재봉틀을 돌려가며 하청을 받은 일을 하던 동서가 선뜻 아이들을 받아준 것에 대한 보답이라면 보답인 것이다.

　하지만 순분의 마음 한쪽이 또 답답해진다.

　그런 동서네는 몇 년부터 확연히 달라지기 시작했다. 멋진 자가용을 타고 조카 결혼식에 나타났을 때 전혀 딴 사람으로 보였다. 무엇보다 그녀의 걸음걸이가 무척이나 당당했다.

　미래에 대한 확신과 안정되어 보이는 그녀의 표정은 많은 사람 속에서도 확연히 눈에 띄었다.

　순분이나 다른 사람들은 모두 삶은 힘들게 사는 것이며, 그러니 삶의 무게에 짓눌린 표정을 당연하다며 짓고 있었는데, 그녀의 표정은 자신감으로 가득 차 있었던 것이다.

동서도 분명 돈이 별로 없었는데 어떻게 부동산투자를 할 수 있었을까?

그녀가 친지들 앞에서 잠깐잠깐 흘러가며 이야기한 것은 필요한 돈을 잠깐 유용하고 전세나 월세를 놓고 나서 돈을 회수한다는 것이다. 순분의 머리로는 그 간단한 방법이 이해가 되질 않았다.

어찌되었든 징글맞은 돈이 순분이의 통장에 있을 때는 정말 간에 기별도 안 가는 이자를 만들며 꿈쩍도 하지 않던 것이 그 돈이 동서네로 가서는 큰돈을 남기는 것이다.

그러다 다시 원래대로 돌아와선 그녀의 통장에선 또 움직일 기미조차 없는 것이다.

'내 수중에 있는 돈은 나를 위해 아무것도 하지 않으면서 정작 남에게로 가선 더 많은 돈을 만들어주는 데 큰 역할을 하고 오니, 내가 평생 힘들게 번 돈이 남 좋은 일만 시키고 있구나.'
하는 생각이 드는 것이다.

남에게 돈을 빌려주면 이자는 고사하고 원금이라도 잘 받으면 다행이라고 위안해 보지만 그래도 답답해져 오는 가슴이 쉬이 뚫리지 않는다.

순분이가 일천만 원을 벌기 위해선 일 년을 허리 한번 제대로 펴지 못하고 농사를 짓고, 또 장에 나가 일을 해야만 한다.

하지만 동서는 별로 힘들이지 않고 부동산을 사들이고 또 파는 과정에서 몇천만 원을 벌어들인다. 순분이에게는 어렵게 들어오는 돈이 동서에게는 쉽게 들어오는 것이다.

그리고 그렇게 동서에게 들어온 돈은 다시 나가 더 많은 수익을 내는 것이다.

쉽게 번 돈은 쉽게 나간다고 믿었다. 하지만 동서는 알뜰한 사람이었다. 쉽게 벌지만 돈을 쓸데없이 낭비하는 그런 사람이 아니니 돈을 모으는 속도가 그만큼 빨랐을 것이다.

열심히 일해 알뜰히 돈을 모으는 길만이 최선이라고 생각을 했는데 뭔가 단단히 잘못되었다는 생각이 든다. 머릿속이 복잡하다.

뭔가 잘못 산 느낌, 이런 기분이 정말 싫은 것이다.

순분이, 인터넷 삼매경에 빠지다

> 성공은 의외로 쉬울 수 있다. 하지만 그렇게 할 수 있다는 믿음을 갖기가 어려울 뿐이다.
>
> – 부자파로스

　　　　　순분은 마음이 급하다. 장으로 가기 전 무엇인가 필요해서 다시 집 안으로 들어왔건만 무엇을 찾고 있었는지 도대체 생각이 나질 않는다.

'나이가 들수록 건망증이 심해진다고 하더니…….'

하는 생각을 하니, 마음이 씁쓸해진다.

주방이나 거실을 둘러보아도 순분은 찾고 있던 것이 무엇인지 여전히 생각이 나질 않는다. 이 방, 저 방의 문을 열어보아도 마찬가지

다. 그리고 작은방…….

셋째가 오랫동안 함께 살았었다. 그 딸아이가 쓰던 방이었던 탓에 인형이랑 책, 옷가지가 예전 그대로다. 가끔 아이들이 서울에서 내려올 때만 사용을 했었다. 딸아이 셋, 아들 하나 그렇게 4남매를 키웠으니 집 안은 늘 시끄러웠다.

아이들의 같은 또래 친구들도 으레이 순분이네 집에서 놀곤 했다. 그래서 마당에는 오징어 놀이를 위한 마당 그림, 공기놀이를 위한 작은 돌멩이들 같은 것들이 여기저기 차지하곤 했었다.

그런데 자식들이 다 외지로 떠나고 나니 휑한 마음은 더해졌다. 그래서 한동안 이 작은방을 일부러 열어 보지 않았었다.

그런데 남편이 퇴직을 하고는, 이 작은방을 차지하곤 나오질 않는 것이다. 무엇을 하나 보면 컴퓨터로 이것저것 하고 있는 모양이다. 퇴직 후 3개월 정도 우울증을 앓았던 남편이다.

그랬던 그가 골똘히 뭔가에 빠져있다는 것이 신기해서 순분도 그 컴퓨터라는 것이 무엇인지 점점 관심이 가기 시작하였다. 남편이 컴퓨터 하는 모습을 자주 지켜보았던 순분은 어느 날,

"궁금한 것이 있으면 인터넷에서 찾을 수 있다!"라는 사실을 알게 된다.

그래서인지 순분은 작은방 문을 열고는, 찾던 것은 까마득하게 잊고

서는 컴퓨터를 보고 괜스레 미소를 짓는다.

시간을 지체해서인지 밖에서 남편이 부른다.

"뭐 하노? 차 시동 걸어놓고."

어쩔 수 없이 순분은 찾던 걸 포기하고 밖으로 나갔다.

장으로 가는 길은 30여 분이 걸린다. 말수가 없는 남편이 말문을 꺼낸다.

"어제 또 뭐 하느라 컴퓨터 붙들고 있었노?"

"뭐하긴요. 또 그거 봤재요."

이 말에 남편이 헛헛 웃는다.

"참 순분이도 마이 변했다. 몸빼이 바지 입은 촌아줌마가 컴퓨터 붙들고 인터넷 한다고 하면 누가 믿을 거고."

순분이 자신이 생각해도 우스워 남편을 따라 허허 웃어 본다.

수십 년을 똑같은 일만 하고 살았다. 그래서 무언가 새로운 것을 배우고 도전해 볼 거라는 생각조차 하지 못하고 살았었다. 아니 그렇게 할 수 있을 거라, 생각해보지 못했을 것이라고 해야 할 것이다. 처음 인터넷 앞에 떨리는 맘으로 앉았을 때는 머릿속이 하얘졌었다.

컴퓨터가 나 자신을 잡아먹을 것도 아닌데 왜 그렇게 손가락이 떨리던지…….

옆에 앉아 가르쳐주던 남편에게서 핀잔도 많이 들었다. 주위에 존재하고 있던 것들을 애써 무시하며 자신과는 상관없는 것이라 생각하며 살았을 텐데 요즘 하나하나 새로운 것들에 도전해 보게 된 데는 둘째의 영향이 크다.

둘째 내외가 갈 곳이 없어 순분이네 집에 한 달이 넘게 지냈던 적이 있었다. 젊었을 때 시간을 아껴서 한 푼이라도 벌어야 할 텐데 딸 내외는 순분이가 보기에도 한심하기 짝이 없었다.

그래서 다그쳐서 그들을 보냈다. 그것도 둘째가 그렇게 싫어하던 서울로.

서울, 순분이 생각하기에도 공룡 같이 무서운 곳이었다. 생존을 위해 치열한 삶이 이루어지는 곳, 그 막막한 도시로 딸 내외를 모질게 올려 보냈다. 아무것도 모르는 철부지 딸은 깨어지고 엎어지며 세상에 대해 하나하나를 배워나갔다.

오히려 남들보다 뒤처져 있다는 생각이 그녀로 하여금 더욱더 세상 살아가는 방법을 터득할 수 있도록 발버둥질하게 했는지도 모른다. 새로운 것들을 받아들이고 배워야만 그 공룡 같은 도시 속에서 마음의 여유를 찾을 수 있었을 것이다.

몇 년이 지나고 그녀는 차를 끌고 내려왔다. 겁쟁이 둘째가 말이다. 밤이면 화장실도 못 가던 아이였다. 그런데 작은 체구에 큰 차를 끌고

와서는 마당에 세웠다.

"야야, 넌 차를 안 살 거라며."

"그랬지. 그런데 그러다 영영 운전을 못할 것 같다는 생각에 오기가 나서……."

오기가 났단다. 그 오기로 벌벌 떨며 도로로 나가더니 이제는 전국 곳곳을 몰고 다닌단다.

이 말에 순분도 오기가 났나보다. 겁쟁이 딸도 하는데 나라곤 못하겠냐는 생각에 차가 아니라 그 무섭던 컴퓨터 앞에 앉았다.

무섭고 가슴 떨리던 시간은 정말 잠깐이었다. 순분은 이제 척척 인터넷 검색을 한다. 그게 그렇게 뿌듯할 수가 없다. 그런데 순분이가 재미가 난 건 바로

꿈 해몽이었다.

전전날 꾸었던 꿈이 예사롭지 않아 꿈 해몽을 해보고 싶었던 것이다. 그래서 인터넷 검색을 해본 것이다. 그리고 둘째에게 전화를 했었다.

"니 요즘 어떻게 지내노?"

"음. 잘 지내는데 왜?"

"어제 안 그래도 이상한 꿈을 꾸었다. 그런데 그 꿈이 좋은 꿈이라더라."

"좋은 꿈? 그거 마실 점쟁이 아지메가 그러더라?"

"아니다. 인터넷 검색해봤다."

이 말에 둘째가 많이 놀란다.

"엄마가 인터넷 검색도 다 하나? 우리 엄마가?"

그러면서 딸이 그런다.

요즘은 인터넷 세상이란다. 경매투자를 하려면 인터넷을 반드시 할 줄 알아야 한단다. 그런데 의외로 인터넷을 몰라 경매공부를 하고도 물건 검색 한 번 못하게 되는 것이 컴퓨터를 배우질 못한 사람들이 겪는 어려움이라고 했다.

"엄마, 그렇게 하는 거야. 그렇게 엄마가 알고 싶어 하는 정보를 찾는 것처럼 재미있게 경매투자에 대한 여러 가지 정보도 바로 인터넷으로 얻을 수 있어. 그 방법은 나중에 내려가서 가르쳐 줄게."

전에는 딸에게 이렇게 말했을 것이다.

"야야, 그런 거 지금 와서 배워 무얼 한다고."

신나게 딸에게 꿈 해몽 이야기를 했는데 그렇게 순분이 재미있어하는 꿈 해몽에 대한 해석을 찾듯이 경매투자도 그러하다는 말에 전적으로 수긍은 못하겠다.

하지만 배움이라는 것이 마음먹는데 오래 시간이 걸리는 것이지 배우는데 그리 많은 시간이 걸리지 않는 다는 것을 이제는 순분도 조금은 알겠다.

젊은 사람들이나 하는 것이라 여겼던 컴퓨터 다루는 일을 순분도 해
내고 있으니 말이다.

> 길은 대로(大路)와 같으므로 누구건 발견하지 못할 것인가. 사람이 구하기를 걱
> 정할 뿐이다.
>
> – 맹자 고자하 (孟子 告子下)

> 성공을 하기 위한 길은 큰 도로처럼 누구나 찾아낼 수가 있으며 누구나 걸을 수
> 가 있다. 그러나 애석하게도 대부분 사람들이 처음부터 '단념'하여 이 큰 길을
> 찾으려고 하지 않는다.
>
> – 나폴레옹 힐

나도 그녀처럼 되고 싶다!

소망이야말로 돈을 버는데 제1보라는 것을 잊어서는 안 된다. 돈 그 자체에는 생명력이 없다. 돈 자체에는 움직이거나 생각하거나 말을 할 능력이 없다. 그러나 돈은 인간의 목소리를 듣는 힘을 가지고 있다. 그러므로 부를 얻는 데는 먼저 돈에 소리를 질러 불러 모아야 한다.

– 나폴레옹 힐이 쓴 『성공하는 사람들의 13가지 행동철학』에서

　　마당 수돗가의 감나무에 제법 감들이 열렸다. 올해 감나무 농사가 풍년이 되려나 보다. 작년 가을에 감을 보내려고 하니 둘째가 말렸었다. 어떤 독자가 감 한 상자를 보내왔다고…….

　한동안 몰랐다. 둘째가 책을 내고 강연을 다닌다는 사실을……. 장에서 신발 집 여주인이 신문에 내 딸이 난 것 같다고 보여주었다. 어버

이날 장으로 찾아 왔던 둘째를 보았던 여주인이 알아본 것이다.

그렇게 딸이 책을 냈다는 사실을 알게 되었는데 둘째는 오랫동안 이에 대해 말을 하지 않았었다. 나중에 그랬다.

"엄마, 거기에 내 고생한 이야기 나오고 그런다. 그거 보면 엄마 맘 상할까 봐 말 안 한 거다."

그리고 가끔 시골로 내려오는 딸의 얼굴이 점점 어둡기만 했다.

"니 왜 그러노?"

그래도 속 시원히 말을 안 하던 딸이 감을 보내온 독자에 대한 이야기를 하며 웃는다.

어느 50대 여성이 있었다. 둘째의 책을 읽고서 자신의 이야기를 메일로 보내왔단다. 가슴 아픈 사연이 담긴 메일을 많이 받아 보던 둘째는 갑자기 자신이 없어지더란다.

"엄마, 내가 했던 것들이 단지 운이 좋아서였다면? 하는 생각이 들더라. 이렇게 힘든 사람들이 과연 어려움을 딛고 결단을 내리고 공부를 하고 투자를 한다고 해서 삶이 바뀔까? 하는 의문이 드는 거야.

내가 책에 했던 말들이 다 허무맹랑한 것들이라면……. 그저 나에게만 일어난 기적 같은 일인데 이렇게 상황이 막막한 사람들에게 쓸데없는 희망이라는 것을 심어주고 있는 건 아닌지 하는 생각이 나를 괴롭히는 거야."

그런데 한 독자를 통해(그 후로 더 많은 증인들이 있었다고 한다.) 둘째의 어깨가 가벼워진 것이다.

50대 여성인 K씨는 둘째에게 몇 번이고 메일을 보냈다. 우선 공부를 해야 한다는 둘째의 답변에 그녀는 평생교육원에 경매 강좌에 등록을 했다.

하지만 수업에서 하는 이야기를 도통 이해는 하지 못하겠는데 시간은 흘러만 가고 있고, 좋은 투자의 시기를 놓칠 것만 같아 초조함은 심해지기만 했다. 그래서 절망적인 심정이 담긴 내용의 메일을 보냈다. 그 메일의 답변에 둘째는 이렇게 썼단다.

"인생을 바꾸기로 결심하셨다면 지금은 모든 것을 잊고 공부에 매진을 하세요. 우선 공부가 되고 나서야 투자에 나서야 합니다. 쓸데없는 시간낭비인 것 같지만 그것이 가장 빨리 가는 지름길입니다.

공부를 하시기로 하셨다면, 그 목표에만 전념을 하세요. 사람들은 공부를 하러 가서는 중요하지 않는 사소한 일에 신경을 쓰다 자신의 목표를 잊고서 공부를 그만 두게 되곤 합니다. 사람들이 많이 모이는 곳에는 이런저런 구설수도 많아집니다.

하지만 가르치는 사람들에 대해서 장점만 보려고 해보세요. 만약 단점을 보고 그 단점에만 매달리다 보면, 그 사람들이 갖고

82

있는 노하우는 배우질 못하게 됩니다. 그렇게 되면 공부를 시작하지 않은 것만 못하게 됩니다.

공부를 제대로 하시게 되면 분명 돈이 될 만한 투자처를 찾을 수 있을 겁니다. 하지만 제대로 공부가 되지 않았다면 절대 눈에 들어오지 않습니다……

만약 함께 공부하는 사람들이 집중할 것에 집중하지 않고 흐트러진다면 K님께서 나서서 공부하는 분위기를 이끌어 가세요. 그런 분위기를 갖는 것과 그렇지 않은 것에는 많은 차이가 있습니다……."

대략 둘째가 말해준 내용이다. 둘째는 이 답변을 끝으로 더 이상 메일을 주지 않았다고 한다. 이제 그녀의 몫이라는 생각이 들어서였단다.

K씨는 앞장서서 그 평생교육원의 면학 분위기를 만들어 갔고 스터디 그룹을 만들어 공부를 하고 현장을 누볐다고 한다.

그렇게 공부한지 두 달 만에 그녀는 사람들을 모아 공동 입찰을 했고, 다가구 하나를 낙찰받았다. 그 첫 투자에서 얻어진 수익이 1억 2천만 원이란다. 그리고 지금까지 총 6건을 낙찰받았다고 한다.

이렇게 1년도 되지 않아 그녀의 삶은 열정적으로 변해 있었다.

"엄마, 훗날 이분과 우연히 식사를 함께 하게 되었는데 이분이 이렇게 말씀하시는 거야. 내 책 덕분에 많은 것이 바뀌었다고. 하지만 난 그렇게 생각하지 않아.

이분이 이렇게 될 수 있었던 건 '이미 자신이 살고 싶어 하는 소망을 이루겠다는 다짐'이 있었기 때문이야.

내가 책에 했던 말들이나 그분에게 썼던 글들은 모두가 알고 있는 식상한 것들이야. 하지만 그분은 스스로 선택하여 결단을 내리고 그리고 해야 한다는 것을 하나하나 실천에 옮겼어. 그리고 누구보다도 빨리 많은 것을 바꾸어 놓았어. 멀게만 느껴지던 것들을 말이야.

그래서 그분이 나보다 열 배는 더 대단한 분이라고 생각해. 그리고 내가 믿는 것들이 헛된 것이 아니라는 것을 보여주신 것에 너무 감사해."

✳ ✳ ✳

감나무를 보고 있자니 둘째가 말했던 K라는 사람이 생각이 난다. 그녀도 평범한 50대 주부였다고 한다. 그런데 이제는 경매로 낙찰을 받고 명도하는 것도 사람들이 혀를 내두를 정도로 베테랑이 되었다고 하니 말이다.

그런데 무엇보다도 둘째에게 마지막으로 했다는 말이 순분의 가슴에 박힌다.

"수진 씨 제가 처음에는 경매로 돈을 벌어보자는 생각이 컸어요. 그런데 이렇게 경매투자를 하기 위해 공부를 하고 나니 세상을 바라보는 눈이 달라졌어요. 경매에 대한 공부를 하지 않았다면 그냥 쓸데없는 잡담이나 하며 나의 귀중한 인생의 시간을 흘러 보냈을 거예요.

그런데 지금 난 경매투자를 하는 것이 너무 재미있어요. 무언가를 하나하나 알아 간다는 것, 그것을 내가 해볼 수 있다는 것 그런 능력이 나에게 있다는 것을 발견한 것이 나에게 얼마나 중요한 것인지 모를 거예요."

한동안 우두커니 순분은 감나무를 바라보았다.

뱀이 든 항아리, 황금이 든 항아리

부자가 되기 위해선 이전의 관점을 바꾸어야 한다.   – 부자파로스

둘째가 왔다. 삼십이 넘었건만 티셔츠 차림에 청바지를 입었다. 여전히 어린아이처럼 보이는 딸이 차에서 내리더니 환하게 웃는다. 잘 웃지 않던 아이였다. 저렇게 웃기 시작한 지가 언제부터였더라……. 생각하니 그저 가슴이 짠하다.

공부하기를 좋아했던 아이다. 늘 책을 끼고 살던 아이라 제 앞가림은 잘할 것이라 생각했다. 하지만 대학을 졸업하고 시집을 가더니 나이 서른이 되어도 방 한 칸 마련하지 못할 정도로 궁핍한 삶을 살았다.

그래서 더 모질게 대했는지 모른다.

돈이 없다며 서울로 올라가는 날 겨우 입을 떼던 둘째에게 얼마나 화를 냈는지 모른다. 어떻게 멀쩡한 성인 두 명이 당장 먹고살 돈조차 없단 말인가.

화를 냈지만 순분은 통장과 도장을 내어주었다. 거기엔 2백만 원이 들어 있었다. 그 돈을 들고 서울로 가더니 3개월 만에 2백만 원을 갚았다.

하지만 돈을 버느라 집에 자주 내려오지는 않았다. 캐나다에 살 때도 5년 넘게 보지 못한 딸이었는데, 한국에서도 자주 보지를 못하는 것이다.

그래도 언제라도 마음만 먹으며 갈 수 있는 서울 하늘에라도 있으니…… 하며 위안을 삼는다.

2년 정도 지났을까. 셋째에게서 둘째가 경매로 집을 여러 채 샀다는 말을 들었다. 무슨 돈이 있어서 한 채도 아니고 여러 채를? 이런 생각을 하다가 대학교까지 나온 애가 무슨 경매질이냐 하는 생각에 울화가 치밀었다.

그런 일 하려고 공부하겠다 대학가겠다 속을 썩였냐며 꾸짖고 싶은 마음이 컸다.

하지만 둘째도 결혼을 한 성인이니 내버려두기로 했다. 하지만 경매질하다 혹 덜컥 잘못되기라도 하면 어쩌나 하는 걱정은 떨쳐내지 못했다.

그러다 둘째가 받은 부동산 가격이 많이 올랐다는 뉴스를 접하고, 그리고 셋째에게서도 얘기를 듣고, 그러고 나서야 둘째가 허투루 경매질을 하고 있는 건 아니구나 싶었다.

소파에 앉아 이런저런 이야기를 하다 동서 이야기가 나왔다. 동서가 상가를 산다며 돈을 빌려달라고 했는데 요즘 상가가 어떠냐고 둘째에게 물었다.

"상가? 글쎄 상가는 정말 잘 골라야 해. 그래도 십 년 넘게 부동산투자를 하셨는데 잘 보고 결정하셨겠지."

"그런데 네 숙모도 그렇고 너도 그렇고 어떻게 겁도 없이 부동산투자를 하는 거야?"

이 말에 딸이 웃는다.

"겁 없이? 아냐, 엄마. 무척 겁 많이 나지. 매번 투자하기 전에 겁이 나. 사람들은 옆에서 보기엔 왜 저렇게 쉽게 부동산을 사들이느냐고 생각하겠지만 그건 아냐. 방법은 간단하지만 그 과정에서 수많은 자기와의 싸움을 하는 거야."

이 말에 순분도 갑자기 겁이 난다. 경매로 부동산투자를 해보아야겠다는 생각이 이내 가신다.

"에구, 야야. 머리 아픈 거 하느니 마음 편한 게 제일이다."

이 말에 지그시 둘째가 바라본다.

"정말 마음 편하게? 엄마는 사실 지금 마음이 편치 않잖아, 맞지?"

딸아이에게 속내를 들킨 것 같다.

둘째가 갑자기 항아리 이야기를 한다.

"엄마, 한 농부가 땅을 파다가 항아리 하나를 발견한 거야. 뚜껑이 단단히 봉해진 항아리 말이야. 그래서 도대체 안에 무엇이 들었을까 궁금하여 열어보려고 하는데, 예전의 어떤 일이 떠오르는 거야.

그날도 농부는 열심히 밭을 갈고 있었어. 그런데 한 노인이 지나가며 농부에게 소리를 지르는 거야.

"이보게 젊은이, 거기엔 뱀이 가득 든 항아리가 있으니 조심하게나. 이전에 내 아들이 이 땅을 일굴 때 그 항아리를 열고는 뱀에 물려 죽었다네."

웬 이상한 노인네를 다 보네 하는데, 또 다른 노인이 지나가며 소릴 지르는 거야.

"이보게 젊은이, 거기엔 예전에 누군가 황금이 가득 든 항아리를 묻어두고 죽었다네. 자네가 열심히 땅을 일구다 그걸 발견하면 열어보게나."

농부는 일하는 것도 잊고 그 항아리를 바라보며 고민에 빠졌어. 이 항아리에서 뱀이 나오는 것인지 황금이 나오는 것인지, 아무리 고민을 해도 답이 나오질 않는 거야.

항아리를 들고 흔들어 보았지만 아무런 소리도 나지 않았어. 그러니 열어 보기 전에는 알 수가 없는 거였어. 그렇게 농부는 며칠 고민했어. 그러다 갑자기 화가 났어.

'에이, 쓸데없는 항아리 때문에 내가 고민하느라 농사일만 제쳐두었구나.'

농부는 그 항아리를 광 구석에 놓아두고는 전처럼 열심히 농사일을 했어. 그런데 몇 해 가뭄이 들어 그동안 수확해놓은 곡식마저 다 떨어지고 농부의 가족은 겨우 물로 목숨을 부지해야 하는 처지에 이르게 되었어.

그러던 어느 날 아들이 너무 배가 고파 광을 뒤지다가 그 항아리를 발견한 거야. 아들은 무엇이 들었을까 하고 그 항아리를 열어 보았어.

그런데 거기에 무엇이 있었는지 알아?

아들이 그렇게 먹고 싶어 하던 개떡이 들었더래."

"뭐 그런 이야기가 다 있노?"

순분은 갑자기 맥이 빠진다. 짜잔 하고 황금 항아리로 이야기가 끝이 날 줄 알았는데 딸아이의 이야기가 너무 싱겁다.

"그 이야기 니가 만들었나?"

"응, 재밌지? 난 언젠가 동화작가도 될 거야."

이 말에 순분은 기가 찬다.

"뭐? 동화작가? 경매질하는 애가 무슨 동화작가고?"

"엄마, 우리는 언제나 자신이 원하는 것을 얻을 수 있어. 하지만 항아리를 열어보기 전에 너무 많은 의심을 하게 되면 그 항아리 속에 무엇이 들었는지 끝까지 알 수 없는 상태로 죽게 돼.

이 항아리는 뱀이 들었다고 믿는 사람에게는 그를 죽일 수 있는 뱀이, 그리고 황금이 들었다고 믿는 사람에게는 황금이 나오는 그런 항아리였어. 엄마 세상도 마찬가지야."

"세상이란 건 자신이 누리고도 남을 만큼 풍족하다고 믿는 사람에게는 그렇게 될 것이고, 힘들게 사는 것이라고 믿는 사람에게는 또 그렇게 펼쳐질 거야."

"그렇게 믿는 대로 된다면 이 세상 사람들이 다 그러겠다."

순분은 딸의 논리가 너무 허무맹랑하게 들린다.

"이 세상 사람들이 다 그렇게 할 거라고 하는데 사실은 그렇지 않아. 바로 그게 가장 힘든 문제야.

세상에 대한 관점을 바꾸는 것, 이것은 정말 힘든 문제야. 그래서 사람들은 오래전에 살아왔던 틀을 바꾸기가 힘든 거야. 가난한 사람은 계속 가난하게, 부자인 사람들은 계속 부자가 되는 건 바로 관점의 차이부터 시작돼."

"네 말은 부자가 되겠다고 생각을 하면 다 부자가 된다는 말인데, 사실 누구나 다 부자가 되길 바라는데 다 부자가 된 것은 아니잖냐."

순분은 딸의 말을 자꾸 반박하고 싶어진다.

"그렇게 간단한 문제가 아냐."

"관점을 바꾼다는 것은, 자신이 안정적이라고 생각했던 영역에서 벗어난다는 것을 의미해. 그러면 보통 사람들은 '두려움'이라는 감정이 생겨나."

"엄마 말처럼 그거 머리 아픈데 차라리 이대로 사는 게 편하겠다고 하는 사람들처럼 말이지. 그래서 부자가 되었으면 하고 모두들 바라지만, 실제로 '자기가 부자가 될 수 있다는 믿음'을 갖긴 참으로 힘든 일이야."

이 말에는 할 말이 없다. 둘째 딸이 제법 언변이 늘었다.

마음속 한편에서는 농사만 짓고 장터에만 오가던 사람이 어떻게 세상에 대한 관점 같은 걸 생각해보았겠나 하는 생각도 든다.

순분은 문득 둘째가 얼마 전에 경매로 오피스텔을 받았다는 것이 생
각난다.

"그런데 이번엔 어떤 물건이냐? 근이 말로는 오피스텔 또 하나 받았
다고 하던데……."

궁금하여 묻는다.

"엄마, 요즘 많이 달라졌어. 전에는 전혀 관심도 없으시더니……."

하고 말하며 가방에서 노트북을 꺼낸다.

딸아이가 노트북을 켜고 순분이에게 보여주는 것은 다름 아닌 이번
에 낙찰을 받았다는 오피스텔 사진들이다.

경매로 받은 물건은 무언가 하자가 많을 것이라고 생각했는데 오피
스텔의 욕실과 주방, 그리고 주차장 시설까지 모두 좋아 보인다.

그리고 지도를 보니 그 오피스텔은 2호선 전철역에서 고작 5분도
걸리지 않는 위치에 있다. 시골에 살더라도 전철역에 가까운 곳이 좋
다는 것쯤은 순분도 알고 있다.

둘째는 차근차근 어떻게 이 물건을 구입하게 되었는지 설명하기 시
작했다.

제3장

20년 농사꾼,
노점 상인 '순분이',
'딸'에게서
경매 배우다

이리 좋은 물건도 경매로 나온단 말이냐?

딸   엄마 이 오피스텔은 5층까지는 오피스텔이고, 그 위로는 아파트로 되어 있는 건물이야. 이 건물은 이 지번도를 보면 알 수 있듯이 대림역에서 5분 정도 거리에 있어.

순분   지번도가 뭐냐?

딸   지번도는 지도에 건물 번지를 표시해
둔 거라고 생각하면 돼. 건물의 번지뿐
만 아니라 도로의 현황 등 자세히 그
려놓았어. 집을 찾을 땐 5000분의 1
지번도가 제일 좋아.
요즘은 이런 지번도에 여러 가지 재개
발이나 재건축에 대한 표시도 해두어
부동산투자를 하는 사람들에겐 도움
이 돼. 그리고 이건 오피스텔 앞 도로 현황이야.

순분   도로가 좁아 보이구나.

딸   하지만 이 오피스텔 뒤편으로 조금 떨어진 곳에 큰 대로변이 나와.
상가나 사무실로 번화한 곳이야. 그래서 이 도로를 많이 이용하지
않기 때문에 차 소음 문제가 별로 없는 셈이지.
사진에 나오지 않지만 이 도로를 따라 슈퍼마켓, 채소 가게가 여럿
즐비해 있어. 오피스텔에 살고 있는 사람들이 바로 앞에서 필요한
것들을 바로 구입할 수 있는데, 그것도 장점이야.

순분   그렇구나. 오피스텔 사는 사람들은 보통 직장인들일 텐데 물건 사
기 좋아야지.

딸   다음은 이 오피스텔의 주차장이야.

순분   관리가 잘되고 있구나.

딸   도로 사진을 보았듯이 서울은 주차난이 심하잖아. 그런데 이 오피
      스텔은 주차 공간도 잘 마련되어 있고 관리인 아저씨가 늘 외부 차
      량이나 청소에 대해 신경을 많이 써주셔서 여기에 사는 사람들에
      게 큰 불편함이 없도록 하고 있어.

순분   관리인 아저씨가 그렇게 한다는 걸 어떻게 알지?

딸   입찰하기 전에 많은 걸 조사하는데 이런 공동주택엔 관리실이 있
      어서 늘 이것저것 여쭈어봐. 그래서 여기 살고 있는 임차인이 관리
      비 밀리지 않고 살고 있었다는 것도 아저씨를 통해 알 수 있었어.
      자, 다음은 오피스텔 내부 사진들이야. 주방과 욕실 모습이야.

순분   난 경매로 나온 집들은 모두 부서지고 엉망인 줄 알았는데 깨끗하
      고 좋구나. 이건 크기가 어느 정도 되는 오피스텔이니?

딸   이건 약 18평형 정도 돼. 정부에선 평이나 평형이란 말을 쓰지 말
      라고 하는데, 엄마가 이해하기 힘드니깐 평형으로 말한 거야. 소형
      오피스텔치고는 좀 큰 편이야.

그래서 이 옆 오피스텔은 이걸 방 두 개로 개조해 임대를 놓았어.

순분 너도 그렇게 할 거니?

딸 아니, 난 다른 계획이 있어. 그
건 나중에 설명을 해줄게. 사람
들은 집을 임차할 때 이런 주방
과 욕실에 많이 신경을 써.
만약 주방이 좋아 보이지 않는
다면 약간의 비용을 더 들여 보
기 좋게 만드는 것도 한 방법이야. 다음은 오피스텔에서 바라본 전
경이야.

순분 넌 이런 것까지 따져보니?

딸 앞이 트였지? 만약 앞에 건물이 막혀 있다면 많이 답답하고 환기
도 잘되지 않을 거야. 그래서 집을 고를 때 이렇게 앞 건물이 막혀
있는지 않는지도 체크해 보는 편이야.

순분 그런데 이런 물건이 경매로 나왔다는 것을 어떻게 알 수 있어?

딸 보통 사람들은 신문에서 경매 매각물건 공고를 보게 될 거야. 하지
만 그것으론 너무 부족하고 경매로 팔리는 물건은 우선 대법원 경
매 사이트에서 볼 수 있어.

딸은 노트북에서 인터넷을 열고는 대법원 법원경매정보 사이트를
보여 준다. (http://www.courtauction.go.kr)

대법원 법원경매정보 사이트

딸　　저 대법원 법원경매정보 사이트에 들어가 이렇게 '경매정보검색'
　　　이라는 표시가 보이는 것을 누르면 매각되는 물건의 리스트를 보
　　　여줘.

순분　난 도대체 무슨 이야기를 하는지 모르겠다. 여기서 물건을 고른다
　　　는 거냐?

딸　　여기서 물건을 고를 수도 있지만 여기에는 법적인 분석이나 부동
　　　산에 대한 분석이 쉽게 정리되어 나오질 않아. 그래서 요즘은 이런
　　　걸 정리해놓은 유료 사이트를 많이 이용하는 편이야. 이건 내가 자
　　　주 이용하는 사이트야.

딸　　보기가 훨씬 좋지?

남부1계 2007-15○○ / 임의						
	용 도	오피스텔	감정기관	○○감정 (2007.07.31)	채권자	○○은행 여신정리부
	매각방법	일반	감 정 가	120,000,000원	채무자	강○○
	접수일자	2007/07/19	최 저 가	76,800,000원 (64.0%)	소유자	강○○
	유찰/진행	2회/3회	최종결과	낙찰 (낙찰일: 2008/01/15, 낙찰가: 101,111,000원(84%))		

사건/항고 내역	• 관련사건내역		
	관련법원	관련사건번호	관련사건구분
	서울남부지방법원	2008타기4○○	인도명령

부동산규제	• 주택투기지역(2005/08/19 지정) • 투기과열지구(2002/09/06 지정) • 토지투기지역(2004/02/26 지정)
재건축 정보	○○동 ○○○-○○ 일대(재건축 인근)

소재지/특성면적		감정가 외 기타정보
서울 ○○구 ○○동 ○○-○○,-○○ 무신○○○ 5층 ○○○호(오피스텔)		토지이용계획, 공시지가 총감정평가 : 120,000,000원 - 토지감정 : 36,000,000원 - 건물감정 : 84,000,000원 보존등기일 : 2005/04/04
일반상업지역 철근콘크리트조, 슬래브(평) • 58세대 • ○○○학교 북동측 인근 • 중소규모 점포 및 근린시설, 업무용빌 딩, 각급 학교, 금융기관, 관공서 혼재 • 버스 및 마을버스 정류장, 대림역 소재 • 도시가스보일러 개별난방 • 남동측 12m도로 접합 • 도시계획시설도로 접함 • 도시지역, 대공방어협조구역 • 진입표면구역	대지 8.18/647.40m²(2.47평) 건물내역: 건물 45.12m²(전용: 13.65평, 18평형)(원룸) 총 12층 중 5층	

진행사항	임차내역	등기내역

유찰 2007/11/05 (120,000,000원)
유찰 2007/12/10 (96,000,000원)
낙찰 2008/01/15 (76,800,000원)
  101,111,000원 (낙찰율 : 84%)
  박수진 (총 입찰 22명)
  낙찰허가 (2008/01/22)
	※ ○○동 사무소 관할
	전입 2006/03/13 7,000만 원
	  김○○ (전부)
	  – 확정 2006/03/13
	  – 배당신청요구
	2007/08/01
	    점유 2006/03/08 ~ 2년
	
	☆ 배당요구종기일 :
	  2007/10/05	

최종 낙찰받은 물건

순분 그렇구나. 그래도 난 아직도 뭐가 뭔지 잘 모르겠다.

딸 그건 아직 엄마가 경매투자를 할 때 알아두어야 하는 용어가 익숙
하지 않기 때문이야. 마음 급하게 생각하지 말고 우선 눈에 들어
오는 단어부터 익숙해지면 돼. 그러다 보면 몰랐던 용어들에 대해
서도 관심을 갖게 되고 점점 재미있게 될 거야. 여기에 보면 내 이
름이 나오지?

순분 22명이나 입찰을 했다고? 정말 많은 사람과 경쟁해서 낙찰을 받는
구나.

딸 예전엔 22명이 많은 사람이었는데 요즘은 경매시장도 과열이어서
백 명이 넘는 경우도 종종 있어. (2008년 여름 초까지)

순분 백 명이나 넘게. 그렇게 사람들이 많이 몰리면 무슨 돈이 된다
고……

딸 그래서 경매투자에 있어 적정한 입찰가를 쓰는 것도 아주 중요해.
남들과의 경쟁에서 이기기 위해 아무렇게나 금액을 써넣어서는 안
돼. 낙찰될 수 있는 금액과 수익을 남길 수 있는 금액을 따져보는
것이 경매투자 시 가장 어려운 문제이기도 해.

순분 넌 이것의 입찰가를 어떻게 썼는데?

딸 여기 보면 감정가가 1억 2천만 원이라고 되어 있지만 실제로 현장
에 가서 조사를 했을 때 다른 오피스텔은 1억 1,500만 원에 분양을
하고 있었어. 그래서 법원에서 정해놓은 금액을 다 믿어선 안 돼.

입찰가를 따질 때 현재의 시세를 반드시 파악해야 해. 그리고 이건 차순위 입찰자보다 겨우 11,000원 차이로 받은 거야.

순분   11,000원?

딸   응, 차순위는 그냥 십만 원 단위까지만 써서 떨어지고 난 끝까지 11,000원을 적어 넣은 덕분에 행운을 잡을 수 있었어.

평소에 늘 이렇게 써넣는 습관이 있었는데, 귀찮아서 그랬는지 그 날따라 십만 원 단위만 써넣어도 되겠지 하는 엉뚱한 생각이 들더라고. 그 귀찮다는 잠깐의 생각을 이기지 못했다면 난 이렇게 좋은 오피스텔을 받을 수 없었을 거야.

순분   시세가 1억 1,500만 원이라면 너의 수익률은 어떻게 되는 거냐?

수익률이라는 순분의 말 때문인지 딸이 소리 없이 웃는다.

딸   비록 내가 1억 111만 1천 원에 낙찰을 받았다고 해서 그것만 비용 처리가 되는 것이 아니야. 여기 수익률 분석을 해놓은 것이 있어. 이걸 보면 등록세나 취득세도 내야 하고 등기 비용도 내야 해. 만약 법무사를 통해 잔금대출을 받을 시 법무사 비용뿐만 아니라 설정 비용도 들어.

약 백만 원 정도 추가 비용이 든다고 생각하고 바로 매도를 했을 경우, 양도소득세를 제하고도 약 500만 원 정도의 수익이 바로 나오는 거야.

● 투자총액

투 자 총 액		107,827,902원 (투자총액 = 비용 + 예상낙찰가)
예상낙찰가		101,110,000원
비용	등 록 세	1,213,320원 (등록세 및 교육세)
	취 득 세	1,516,650원 (취득세 및 농어촌 특별세)
	등기비용	391,931원 (채권 할인 및 기타 비용)
	금융비용	0원 (대출시 실제로 지급될 금리 비용)
	기회비용	3,596,001원 (순 투자액을 저축 예금금리로 환산한 비용)
	인수비용	0원 (낙찰자가 인수해야 하는 임차금 + 부대비용)
	명도비용	0원 (낙찰자가 명도하는데 사용하는 비용)

● 매각 시 비용 (중과세, 비과세를 제외한 양도소득세)

양도소득세	3,274,167원

● 투자대비 수익

총투자수익	6,343,932원 (낙찰 후 부동산 매각에 따른 투자대비 수익)
최 저 수 익	3,596,001원 (실투자금액을 은행 예치 시 얻는 수익)

순분   하지만 넌 여기에 살고 있는 세입자 이사 비용은 고려하지 않았
        잖아.

딸   여기 세입자에겐 이사비를 한 푼도 주지 않았어.

순분   전에는 이사비를 주고 해서 경매하는 사람들은 으레 다 돈을 주고
        내보내는 줄 알았는데…….

딸   그렇다면 내가 이 물건을 입찰하는 과정과 세입자를 어떻게 내보
        냈는지 얘기해줄게.

    얼마 전까지 경매를 하겠다는 마음이 없었던 순분은 이전의 부정적
이던 생각은 온데간데없고 점점 더 딸의 이야기에 빠져들기 시작했다.

"니는 와 아주 더운 날,
아니면 추운 날에 낙찰받고 그러노?"

> 경매도 투자 시기가 가장 중요하다.
>
> – 부자파로스

"이 물건에 입찰을 했을 때는 아주 추운 겨울이었어."

그러고 보니 딸이 낙찰받는 건 추운 겨울 아니면 한여름이었다. 경매가 아닌 일반 매매로 산 부동산들도 여름 아니면 겨울에 샀던 것으로 기억한다.

"니는 와 만날 아주 더운 날, 아니면 아주 추운 날에 물건을 낙찰받고 그러노?"

왜 다니기 선선한 날을 놓아두고 사서 고생을 하는지 모르겠다.

"그건 사람들이 그때 잘 안 다니기 때문이야. 그래서 이때가 부동산 투자를 하기에 가장 좋다고 사람들에게 알려주곤 해. 하지만 막상 그 시기가 되면 사람들 만날 똑같아. 정말 안 움직이더라고."

부동산투자를 하기에 가장 좋은 적기라면 누구나 움직일 텐데 그렇지 않다는 것이다.

"와 그 시기가 적기라는 거고?"

"첫째는 낙찰을 받는 데도 시간이 좀 걸리고 명도 후 임대를 놓는 데도 두어 달 시간이 좀 걸려. 여름에 받으면 가을 이사철, 그리고 겨울에 받으면 봄 이사철과 맞아떨어지지. 왜냐하면 세입자나 집을 구입하고 싶은 사람들도 그때 가장 많이 움직이니까. (요즘은 이런 추세로 많이 바뀌고 있다.)

둘째는 만약 가을에 집을 낙찰받았는데 겨울이 비수기라서 전세나 매도가 늦어지게 되면 확신을 가졌던 사람도 많이 흔들리게 돼. 그 비수기에 부동산시장이 얼어붙으면 계속 지속적으로 그럴 거라는 두려움이 생겨서 힘들게 낙찰받은 물건을 손해를 보고서라도 팔려는 마음이 생겨나거든. 그래서 그런 상황에 휘둘리지 않으려고 시기를 맞추는 편이야.

그런데 이것을 알지만 막상 겨울이 되면 엉덩이가 무거워지고 여름에도 마찬가지로 시원한 곳에 편안하게 쉬고 싶은 마음이 앞서서 발품 팔러 나가려고 하지 않게 되는 거야. 게으른 자신을 이겨내는 사람들은 또 그만큼 남들보다 더 많은 수익을 낼 수 있는 거지."

딸의 말을 듣고 보니 나름 일리가 있었다.

"그런데 요즘 사람들이 하는 말을 들어보면 부동산투자를 하는 게 위험하다고 하더라. 거래도 안 되고 곧 있으면 주택 가격이 폭락할 거라고 하면서 다들 걱정하던데 넌 걱정이 안 되니?"

"물론 걱정이 되지. 하지만 지금 부동산 침체기라고 말하지만 그건 대부분 중대형 주택 때문이야. 사람들은 자세한 내막은 모른 채 언론에서 말하는 것을 듣고서 모든 곳에 문제가 있다고 생각을 해.

어떤 사람들은 주식투자가 좋다고 하고, 어떤 사람들은 부동산투자가 좋다고 하면서 이러쿵저러쿵 하는데, 그건 경제의 흐름을 잘 몰라서 하는 이야기야."

순분은 주식이든 부동산투자든 다 나쁜 것으로만 생각이 드는데 딸은 그것도 경제 흐름이랑 관계가 있다고 하는 것이다.

"사람들은 이렇게 말해."

'뭐니 뭐니 해도 주식투자가 제일 좋습니다. 주변을 보십시오. 부동산으로 돈 번 사람 있습니까?'

'아닙니다. 부동산투자가 제일 좋습니다. 주식투자로 돈 벌었다는 사람, 조금 지나면 그거 다 날리고 집마저도 날립니다. 주식투자로 돈 벌었다는 사람 있습니까?'

"엄마도 이런 말 많이 들어봤을 거야."

딸의 말처럼 이런 말은 순분도 많이 들었다. 장터에서도 이런 말들을 주고받는 사람들이 제법 많았다.

'모씨네 아들 모씨가 주식투자해서 돈 날려서 망했다더라.'
'모씨네 며느리가 상가 사서 이혼하고 쫓겨났다더라.'

그래서 순분이나 장터의 사람들은 몸은 힘들지만 한푼 두푼 이렇게 벌고 농사짓는 것이 최고다,라며 서로 맞장구를 쳐주곤 한다.

"하지만 경기에 따라 주식도 부동산도 가격이 오르고 내릴 뿐이야. 엄마, 이자를 많이 준다면 어떻게 할 거야?"

"그야, 아무것도 안 하고 적금을 들지."

"엄마가 방금 말했듯이, 돈이 많은 사람도 다른 곳보다 이자 수익이 좋으면 적금을 들어. 그러다 이자가 더 이상 올라갈 것 같지 않으면 채권에 투자를 하고, 그러다 다시 금리가 많이 내려가면 부동산투자를, 수익이 나서 일반 사람들이 부동산투자로 몰려들면 그땐 주식투자를 하는 거야."

"그럼 그 변화에 따라 주식 가격이 올라가고 부동산 가격이 오른다는 이야기구나."

"그렇다면 그것만 따라 하면 무조건 돈 벌겠다."

"그렇기도 하고 아니기도 해. 왜냐하면 부동산 가격이 올라가는 시점에서 모든 부동산 가격이 다 올라가는 건 아니거든. 김장철이라고 해서 배추 값이 언제나 올라가는 게 아니듯이. 김장철에 배추가 너무 많으면 배추 값은 오히려 더 떨어지잖아. 그런 원리야.

부동산이 오를 시기에 맞추어 투자를 한다 하더라도 또 어떤 유형의 부동산을 투자해야 하는지도 알아야 돼."

순분은 머리가 지끈해온다. 경매를 하는 걸 가르쳐 달라고 했는데 딸은 경제 이야기만 하고 있으니 말이다. 딸의 말로는 경매하는 법만 배워서 투자를 했다간 낭패를 볼 수도 있으니 살 시기와 부동산을 잘 골라야 한다는 이야기인 것 같다.

"그래서 네 말을 들어 원리를 따져보면, 일 년 중 사람들이 잘 움직이지 않는 여름과 겨울에 투자를 하는 것처럼, 부동산시장이 썰렁할 때 투자를 하는 게 좋다는 말이 되는 셈이네?"

순분의 말에 딸이 놀라면서 눈이 동그랗게 변한다.

"우와, 우리 엄마, 원더풀!" 하며 엄지손가락 하나를 들어 보인다.

순분이는 다른 건 다 모르겠고 이것만은 좀 알겠다.

'남들이 불황이라고 할 때 훗날 남들이 사고 싶어 하는 물건을 미리 사둔다. 그럼 돈은 쉽게 벌수 있다.'라고 마음속에 정리를 해둔다.

그렇다면 어떻게 적정한 시기와
물건을 알아보는 거고?

> 남들 모두 비명을 지를 때가 가장 좋았다. 그것은 변함없는 진리였다. - 부자파로스

순분은 그래도 딸이 아직은 미덥지가 않다. 전문
가도 아닌 딸이 어떻게 적절한 매매 시기와 물건을 고를 수 있는지 의
심스럽다. 옆에 앉은 딸은 그저 아직 어린아이처럼 보이니 말이다.

"니는 어떻게 채권과 주식에 투자하는 시기를 알 수 있고, 남들이 훗
날 살 부동산을 예상할 수 있는 거고?"

"그건 꾸준히 신문을 읽으면서 금리의 변화나 정책 발표 등을 지속
적으로 보았기 때문이야. 자연스럽게 흐름이 보이기 시작한 것은 2년

정도 걸렸던 것 같아. 그래서 하루에 신문 두 개는 꼭 보는데 2007년 말 분위기가 심상치 않더라고. 강북 지역의 재개발로 지정된 인근 지역의 가격들이 오르고 있었거든.

그래서 뉴타운이나 재개발 지역의 이주가 본격적으로 시작되면 더 많이 오를 거라는 생각도 하게 되었지. 2008년 날이 풀리면 본격적으로 소형 주택의 가격이 떠들썩할 거라는 믿음이 생긴 거야."

"그래서 추워도 움직여야겠다고 생각한 거구나. 그런데 소형 주택의 가격이 떠들썩할 거라는 건 어떤 이유 때문이지?"

"앞으로 중대형 아파트의 가격은 더 추락할 거야. 하지만 소형 주택은 더욱 강세를 보일 거라고 생각한 이유는 바로 이 때문이야."

(2008년, 여름에 본 시장현황으로, 11월 현재까지 중대형 아파트의 가격은 하락했지만 부동산정책 등으로 하락의 방향은 달라질 수도 있다.)

딸은 메모해놓은 종이를 꺼낸다.

- 첫째 : 재개발 재건축으로 멸실되는 가구수가 1년에 2만 가구다.
- 둘째 : 그동안 소형 주택의 공급은 턱없이 부족했다.
- 셋째 : 새로 신규로 지어지는 소형 주택의 공급은 턱없이 부족하고, 다시 개발되는 지역의 소형 비율은 고작 20% 이하이다.
- 넷째 : 2020년까지 늘어나는 가구수의 약 60%가 1~2인 가구수다.
- 다섯째 : 빈부의 격차가 앞으로 더 심화될 것이다.

"그래서 넌 사이트인가 뭔가에서 이런 물건을 고른 거구나."

"응, 물건을 검색하다 보니 구로동에 위치한 오피스텔 하나가 눈에 띄었어.

제2의 강남이 될 거라고 하는 구로디지털밸리와 가까운 것이 마음에 들었고."

"뭐? 제2의 강남이라면 용산 아니니?"

"우와, 울 엄마 용산도 다 알고."

"시골에서 농사짓는다고 우습게보지 마라. 우리도 그런 건 다 안다."

"알았어. 하지만 용산은 강남을 대체하기엔 좀 문제가 있어."

"왜 그렇노? 남들은 용산 쪽에 투자를 못해서 난리가 났다던데."

"비약적으로 개발이야 되는데, 강남의 역할을 대체하기엔 부족한 점이 있다는 거야. 강남은 비즈니스를 하기에 용이하게 교통이나 상업시설, 그리고 배후 주거지역이 잘 자리 잡혀 있어. 반면 용산은 주변 지역까지 연계가 되어 강남처럼 되려면 약 20년 정도의 시간이 필요하대. 하지만 구로 쪽은 정부의 적극적인 후원 정책과 교통 기반시설, 비즈니스를 용이하게 할 수 있는 각종 기반시설이 잘 마련되어 있고, 앞으로도 더욱 발전해 나갈 거야. 자, 이걸 봐봐."

딸이 어떤 책을 집어들더니 펼쳐 보인다. 그리고 인쇄해온 신문기사도 함께 보여 준다.

〈참조〉『2010 부동산 대예측』, 황창서 저

〈아시아경제신문. 2008년 4월 7일〉

"뉴타운식 광역개발이라면 뉴타운이라는 말이구나."

"엄마는 그렇게 생각을 하는구나. 하지만 사람들은 2차 뉴타운이나 3차 뉴타운 이런 지역에는 관심을 많이 두면서 뉴타운식으로 개발하는 이런 지역에는 의외로 관심을 두지 않아. 개발은 같은 방식으로 하는데 말이야."

"그런데 기사에 나오는 재정비촉진지구라는 말이 뭐냐?"

"요즘은 재정비촉진지구를 뉴타운 대신 쓴다고 해. 우선 뉴타운은 뭔지 알지?"

"뉴타운이야 새롭게 지역을 개발하겠다는 거잖니?"

순분은 생각나는 대로 말해본다.

"그래, 엄마 말처럼 노후한 주택들이 밀집된 지역을 묶어 개발하는 것을 재개발이라고 한다면, 지역의 교통·공원·편의시설·학군 등을 고려하여 주거지역뿐만 아니라 기반시설까지 새롭게 마련하여 개발하는 것이 뉴타운이지. 그런데 도시재정비촉진을 위한 특별법이 생겨나면서 관련 규정이 완화되는 등의 법적 장치가 마련되어 개발과 진행을 원활하게 하겠다는 것이 재정비촉진지구야."

"그럼 간단하게 말해서 뉴타운이나 재정비촉진지구나 같은 것인데, 재정비촉진지구는 그래도 더 착착 개발시키겠다는 말이구나."

"엄마는 뭐든 간단하게 정리하는 걸 좋아하는구나?"

"그래야 우리 같은 서민들은 이해가 가지, 전문가들이 나와서 말하는 걸 보면 도통 마음에 안 들어. 사람들을 위해 나왔으면 우리 같은 사람들 알아듣기 좋게 말해야지, 자기 유식한 거 자랑한다고 누가 상을 주는 것도 아닌데 말이다."

순분의 말에 딸이 웃음을 터뜨린다.

"알았어, 알았어. 나도 되도록 쉽게 이야기할게. 아무튼 이런 지역개발에 대한 정보를 떠나서 내가 군이 이 지역의 오피스텔을 고른 이유는 따로 있어. 그게 뭐냐 하면, 그때가 바로 오피스텔 투자의 적기였기 때문이야. 신규로 지어지는 오피스텔이 많아져서 나중에 공급과잉이 될 수도 있다는 견해도 물론 있어.

하지만, 새로 지어지게 될 오피스텔 가격은 건축비의 가격 상승과 시세의 상승으로 기존의 오피스텔 분양가보다 훨씬 높게 책정될 거야. 오피스텔의 수익은 임대료로 계산을 하는데, 신규로 지어지는 오피스텔 가격보다 훨씬 싸게 기존의 오피스텔을 매입해둔다면 가격경쟁력에서 훨씬 유리할 수 있으니까. 그래서 가격이 더 오르기 전에 오피스텔을 매입하기로 한 거야."

순분은 사이트에 올라가 있는 수많은 물건 중 어떻게 어떤 물건을 선택하는지 궁금했는데, 이렇게 부동산 현황을 미리 알고 있어야 괜찮은 물건을 고를 수 있다는 것을 깨닫게 된 것 같았다.

따뜻한 방구들에 앉아 따져 봐야 할 것들

둘째가 사이트를 다시 보여 준다.

"물건이 괜찮아 보인다고 해서 당장 조사를 나가는 건 아냐. 먼저 차근차근 생각해봐야 할 것이 있거든."

"그게 뭔데?"

"이렇게 방구들에 앉아 이것저것 따져보는 걸 '권리분석'이라고 해."

"권리분석?"

"응. 엄마, 한 가지 물어볼게. 경매로 집이 넘어간 건 왜 그런 거라고 생각해?"

"그야 빚쟁이들한테 돈을 못 갚아서겠지."

"맞아. 은행이나 개인에게서 돈을 빌리거나 해서 이런저런 문제들이 부동산에 걸려 있기 마련이야. 그런 물건을 경매로 낙찰받았을 경우 어떤 문제가 발생할지 먼저 확인을 해봐야 해."

순분은 딸의 말에 고개를 끄덕인다.

"은행은 돈을 빌려주고 등기부등본에 근저당을 걸어둬. 그러고는 대출을 받아간 사람이 이자를 안 갚거나 하면 경매로 넘기고. 그렇게 걸려 있는 권리들은 낙찰자가 잔금을 치르면 다 지워져."

"어떤 권리든 다?"

"아니. 지워지지 않고 낙찰자에게 인수되는 권리들도 있어. 예고등기, 선순위의 소유권이전청구권가등기 등이 있는데 의외로 몇 개 안 돼.

그런 것들을 잘 숙지하고 있으면서 위험한 물건에는 입찰을 하지 않으면 돼."

"그래서 경매투자를 하기 전에 가장 먼저 해야 하는 것이 권리분석에 대한 공부야. 권리분석 공부는 일반 사람들은 3개월에서 6개월 정도 걸려."

딸은 키보드를 두드리더니 금세 새로운 화면을 보여 준다.

"엄마, 여기 보이는 이 물건 권리분석을 해볼게."

"등기부등본상에는 경매로 매각되고 나서 인수될 권리도 없어. 모두 지워지는 근저당, 가압류 등이야."

	권리종류	설정일	설정자	배당신청	설정액	배당액	인수액	말소여부	기타
1	법원경비	–	법원	–	–	2,243,850원	–	–	
2	저당권	2006/03/09	○○은행 구로	–	19,500,000원	19,500,000원	0원	말소	말소기준권리, 경매신청채권자
3	임차인 (상가점유)	2006/03/14	김○○	●	70,000,000원	70,000,000원	0원	말소	사업 : 2006/03/13 확정 : 2006/03/13
4	가압류	2006/12/11	산곡신협	–	299,862,108원	9,367,150원	0원	말소	
5	압류	2007/02/01	○○세무서		0원	0원	0원	말소	
6	임의	2007/07/24	○○은행 여신정리부	–	0원	0원	0원	–	
7	가압류	2007/07/27	○○○렌탈	–	37,581,602원	0원	0원	말소	
8	가압류	2007/08/23	○○캐피탈	–	64,000,000원	0원	0원	말소	

"임차인을 보니 김○○ 씨가 보증금 7,000만 원에 올라가 있지? 임차인에 대한 정확한 분석을 하려면 먼저 말소기준권리부터 알아야 돼"

"말소기준권리?"

"경매에 있어 등기부등본상에 설정된 권리들 중에서 (근)저당, 가압류, 압류, 담보가등기, 강제경매기입등기 중에서 가장 먼저 설정되어 있는 권리를 말소기준으로 잡아 이 권리보다 이후에 오는 권리들은 말소기준권리와 함께 모두 말소돼. 단 지워지지 않는 권리도 몇 있으므로 유의해야 해. 그럼 여기서 말소기준권리가 되는 건 뭘 것 같아? 한번 아무것이나 말해봐."

"저당권."

"어? 엄마가 그걸 어떻게 알았어?"

"놀라긴. 여기 옆에 '말소기준권리'라고 적혀 있잖니."

"아, 그렇구나! 난 또 엄마가 알고 말했다고. 암튼 말소기준권리는 2006년 3월 9일에 가장 먼저 설정된 외환은행이야. 설정된 금액은 19,500,000원이고, 이 저당권자가 경매신청을 한 거야. 경매신청을 한 저당권자 다음으로 임차인의 전입신고가 되어 있어."

"그럼 임차인은 돈을 한 푼도 못 받아가니?"

"만약 임차인이 저당권보다 먼저 설정되어 있다면 낙찰대금에서 배당받아도 되고 낙찰자에게도 인수를 시킬 수 있는 권리가 있어. 그걸 대항력이라고 해. 그런데 낙찰대금에서 배당받으려면 반드시 확정일자가 있어야 하고 배당요구도 해야 해."

"그럼 말소기준권리보다 후순위에 오는 임차인은?"

"저당권자에게 돈을 주고도 남는 금액이 있으면 이 임차인은 반드시 전입신고와 점유, 그리고 확정일자를 받아두면 배당받을 수 있어. 이 임차인이 언제 전입하고 확정일자를 받았는지 한번 봐봐."

"전입한 날짜는 2006년 3월 13일이고, 이날에 확정일자를 받았네."

"하지만 우리나라의 전입의 효력은 신고한 그다음 날 0시부터야. 그래서 이 임차인이 배당받는 순서는 2006년 3월 14일로 따져야 해. 이렇게 모든 조건을 갖추었다고 배당받는 것도 아니야. 엄마, 내가 사람들한테 잘하는 말이 뭔지 알아?"

"뭔데?"

"자기 밥그릇은 자기가 잘 찾아 먹어야 한다는 거야. 임차권등기를 한 임차인과 강제경매신청을 한 임차인을 제외하고, 임차인은 반드시 배당요구종기일까지 배당요구를 해야만 해."

"그럼 자기가 받을 수 있는 돈을 배당요구 안 해서 못 받게 되면 어떻게 되는데?"

"그때는 자기가 받을 몫을 받아간 다른 채권자에게 부당이득금 반환청구소송을 해야 돼. 하지만 배당요구를 하지 않은 책임은 본인에게 있기 때문에 이길 확률은 거의 없다고 봐."

"소송? 에구, 배당요구를 안했다는 것뿐인데 그렇게까지 복잡해지는구나."

"이 임차인이 배당을 요구한 날짜는 2007년 8월 1일, 즉 배당요구 종기일인 2007년 10월 5일 이전에 하였으므로 배당요구의 효력을 가져."

"그런데 저당권을 한 사람이 가져가고 남은 돈이 얼마 없거나 전혀 없으면 어떻게 되지?"

"이렇게 말소기준권리보다 후순위에 있는 임차인이 비록 자신의 보증금액을 다 받아가지 못한다 하더라도 낙찰자에게 대항할 수는 없어.

안됐지만 낙찰자에게 집을 비워줄 수밖에.

낙찰자에게 대항할 수 있는 임차인은 말소기준권리보다 먼저 전입과 점유를 갖춘 임차인뿐이야.

이런 임차인을 대항력이 있는 임차인이라고 해. 그럼 이 임차인이 얼마나 받아갈 수 있는지 한번 따져볼까?

그런데 그 금액을 따져보기 위해선 반드시 먼저 알아둬야 할 것이 있어."

"첫 번째는 '법원경매'이고,

두 번째는 '당해세'야.

세 번째로는 '임차인보다 먼저 배당받는 권리자의 배당금액'이 있어."

그리고 "법원은 법원경비로다가 매각대금에서 제일 먼저 '경매비용'을 공제해. 경매비용은 대체로 이런 것들이 있어."

딸은 메모해놓은 것을 보여 준다.

- 경매신청인의 인지대
- 등기부등본 등의 첨부서류 발급비용
- 송달료
- 경매개시결정등기 촉탁비용
- 해당 부동산 감정평가수수료
- 경매절차 진행비용
- 집행관 수수료 (현황조사료 등)

"당해세는, 만약 소액임차인이 있을 경우 최우선변제금액부터 먼저 줘. 예를 들어 서울 지역 6,000만 원 이하의 소액임차인이 있을 경우 2,000만 원 이하에 대해 변제를 해줘. 하지만 이 물건에선 소액임차인이 없기 때문에 당해세로 넘어가. (2008년 8월 21일 이전은 서울 지역 임차인은 4,000만 원 이하 1,600만 원 최우선변제금을 받았지만 법이 개정되었다.)."

"많은 사람이 이 당해세 부분을 간과하는데, 등기부등본에도 나오지 않고 입찰 전 서류에서도 찾아볼 수 없기 때문이야. 그래서 이런 당해세는 따로 알아봐야 해."

"그리고 당해세는 국세와 지방세가 있어."

"국세는 상속세, 증여세, 재평가세 등이 있고,

지방세는 재산세와 자동차세, 도시계획세, 종합토지세 등이 있어."

"야야, 임차인 하나를 두고 이렇게 많은 걸 따져봐야 하니? 그거 머리 아프다."

"처음에는 다 그렇게 생각해. 그런데 자꾸자꾸 듣고 보고 하다 보면 엄마가 고스톱 치는 것보다 더 쉬워질 거야. 지금은 그저 이렇게 따져보는구나 정도로만 생각하면 돼."

"그런데 여기엔 당해세는 나오지 않잖니. 그런데 그걸 어떻게 따져

볼 수 있어?"

"많은 사람이 그래서 당해세를 간과하기도 해. 유료 사이트에서도 잘 나오지 않으니까. 하지만 이 임차인은 당해세 때문에 보증금을 다 받지 못하게 됐어."

"여기엔 다 받는다고 나와 있는데?"

"그래서 잘 조사를 해봐야 해. 당해세는 시군구청에 문의해보면 되는데, 이 물건의 당해세는 약 2,000만 원이나 밀려 있었어."

"뭔 세금이 그렇게 밀렸다냐? 그것도 무시하지 못하겠구나."

"우선임차인보다 먼저 배당받아 가는 저당권자의 실제 청구금액도 세세히 따져봐야 해.

저당권자의 설정금액은 19,500,000원이지만 실제 청구금액은 15,181,171원이야. 밑에 보이지?"

※ ○○동 사무소 관할 전입 2006/03/13 7,000만 　　김○○(전부) 　　– 확정 2006/03/13 　　– 배당신청요구 2007/08/01 　　점유 2006/03/08 ~ 2년 ☆ 배당요구종기일 : 2007/10/05	※ 집합건물등기(발급 : 2007/10/17) 소유이전 2006/03/06 　　전소유자 : 배○○, 이○○, 이○○, 박○○ 　　매매(2006/02/20) 저당 2006/03/09 1,950만 원 　　○○은행/구로 가압 2006/12/11 2억9,986만 원 　　○○신협 압류 2007/02/01 　　○○세무서 임의 2007/07/24 　　○○은행/여신정리부 　　청구액 : 15,181,171원 가압 2007/07/27 3,758만 원 　　○○○렌탈 가압 2007/08/23 6,400만 원 　　○○캐피탈

123

"그래서 임차인의 보증금액이 7,000만 원인데 실제로 받아가는 금액은 101,111,000 − 2,243,850 − 20,000,000 − 15,181,171 = 63,685,979 원이야."

고개를 끄덕이며 맞장구를 치고 있지만, 순분은 딸이 하는 얘기를 이해하기가 힘들었다.

물론 여러 번 들어보면 어느 정도 알아듣게 될 것이다. 어쨌든 임차인은 7,000만 원 보증금액에서 약 600만 원의 돈을 못 받게 되었다. 이런 임차인을 내보내는 데 무리가 없는 것일까?

경매로 매각되는 부동산에 임차인이 있을 경우 알아두어야 할 것들!

경매 입찰시 권리분석을 할 때 가장 유의해야 하는 부분이 바로 해당 부동산에 임차인이 있을 경우이다. 임차인은 주택임대차보호법에 따라 여러 가지 권리를 가지는데 이에 대해 공부를 한 후에 경매투자에 나서야 한다.

1. '말소기준권리'보다 우선하여 오게 되는 '대항력 있는 임차인'이 있을 경우

경매로 부동산이 매각되면 설정되어 있던 권리들은 대부분 지워지게 된다. 이때 기준을 잡는 권리가 있는데 그것을 '말소기준권리'라고 한다. 그 말소기준권리가 되는 것들은 보통 (근)저당권, 가압류, 압류, 담보가등기, (강제)경매기입등기이며 이 중 가장 먼저 설정된 권리를 말소기준으로 본다. 이 말소기준권리보다 먼저 전입신고를 하고 점유를 한 임차인이 있는데 이런 임차인을 '대항력 있는 임차인'이라고 한다.

대항력 있는 임차인은,

첫째, 자신의 임차보증금을 매각대금에서나 소유자 또는 채무자 그리고 낙찰자 혹은 제3자에게서 모두 돌려받을 때까지 건물을 비워주지 않아도 되는 권리를 가진다.

둘째, 확정일자를 갖춘 '대항력 있는 임차인'은 배당에 참여할 수 있다. 하지만 매각대금에서 배당받지 못한 금액이 있다면 그 금액은 낙찰자가 인수해야 한다.

셋째, 확정일자가 있음에도 배당요구를 하지 않았다면, 배당에 참여할 수가 없다. 이와 같은 경우는 낙찰자가 임차금의 보증금을 모두 떠안아야 한다.

2. '말소기준권리'보다 후순위에 있는 임차인이 있을 경우

말소기준권리보다 후순위에 있는 임차인일 경우 배당에 참여하여 배당받을 수 있는데 배당받지 못하는 경우라도 낙찰자가 인수해야 할 금액은 없다. 이런 임차인은 낙찰자에게 대항하지 못하고 건물을 비워주어야 한다. 후순위 임차인도 확정일자를 갖추고 배당요구를 배당요구 종기일까지 해야만 배당에 참여할 수 있다.

3. 소액보증금액에 속하는 임차인이 있을 경우

우리나라에선 소액임차인에 대해선 최우선적으로 변제를 해주는 제도가 있다. 일정한 금액 이하인 임차인에게 일정한 금액을 변제해주는 제도이다. 소액임차인으로 인정받으려면 반드시 다음과 같은 경우여야 한다.

주택임대차 소액임차인의 최우선변제액
담보물권 설정일과 지역에 따라 보증금 범위가 달라진다.

주택임대차 보호법의 소액임차인 기준 및 최우선변제액

담보물권 설정일	지역 구분	계약금액 범위(보증금 한도)	최우선변제액
1984.1.1~ 1987.11.30	특별시, 광역시(군지역 제외) 기타지역	300만 원 이하 200만 원 이하	300만 원 이하 200만 원 이하
1987.12.1~ 1990.2.18	특별시, 광역시(군지역 제외) 기타지역	500만 원 이하 400만 원 이하	500만 원 이하 400만 원 이하
1990.2.19~ 1995.10.18	특별시, 광역시(군지역 제외) 기타지역	2,000만 원 이하 1,500만 원 이하	700만 원 이하 500만 원 이하
1995.10.19~ 2001.9.14	특별시, 광역시(군지역 제외) 기타지역	3,000만 원 이하 2,000만 원 이하	1,200만 원 이하 800만 원 이하
2001.9.15	수도권과밀억제권역* 광역시(군지역과 인천광역시 제외) 기타지역**	4,000만 원 이하 3,500만 원 이하 3,000만 원 이하	1,600만 원 이하 1,400만 원 이하 1,200만 원 이하
2008.8.21 (개정안)	수도권과밀억제권역 광역시(군지역과 인천광역시 제외) 기타지역	6,000만 원 이하 5,000만 원 이하 4,000만 원 이하	2,000만 원 이하 1,700만 원 이하 1,400만 원 이하

* 수도권과밀억제권역이란?
서울특별시 · 인천광역시[강화군, 옹진군, 중구 운남동 · 운북동 · 운서동 · 중산동 · 남북동 · 덕교동 · 을왕동 · 무의동, 서구 검단동, 연수구 송도매립지(인천광역시장이 송도신시가 지 조성을 위하여 1990년 11월 12일 송도앞공 유수면매립공사면허를 받은 지역), 남동유치지역을 제외한다.] 의정부시 · 구리시 · 남양주시(호평동, 평내동, 금곡동, 양정동, 지금동, 도농동에 한한다.) · 하남시 · 고양시 · 수원시 · 안양 · 성남시 · 과천시 · 광명시 · 부천시 · 의왕시 · 군포시 · 시흥시(반월특수지역을 제외) 등의 지역을 말한다.

** 기타지역
용인시 · 안산시 등의 지역을 말한다.

　　소액임차인일 경우 확정일자가 없어도 배당에 참여할 수 있으며 경매비용과 경매목적 부동산에 소요된 필요비와 유익비 다음으로 가장 먼저 변제받을 권리를 가진다. 이를 최우선변제권이라고 한다. 확정일자가 없어도 배당에 참여할 수 있지만, 반드시 배당요구 종기일까지 배당요구를 해야만 한다. 그리고 최우선변제권을 인정받기 위해선 경매신청기입등기 이전에 점유와 전입을 갖추어야 한다.

김밥 가게에 가서 물어봐?

방구들에서 권리분석을 하니 인수할 권리도 임차인도 없더란다. 그래서 둘째는 몹시 추운 날 운동화를 찾아 신고서 집을 나섰다.

"그래 그 건물 가서 보니 마음에 들던? 여기 사진으로 봐선 외관상 건물이 그리 좋아 보이지는 않는데……."

"음, 나도 사진의 건물 외관이 그렇게 마음에 들지는 않았어. 하지만 내 원칙 중 하나가 '건물은 반드시 현장을 보고 난 뒤 판단해라'였어."

"그래, 맞다! 총각한테 사진으로만 이 여자 저 여자 어떠냐고 물어봤자 다 소용없다. 사진에 예뻐 보인다고 그것만 믿고 앞뒤 안 가리고 결혼하면 큰일이제."

"주식투자는 연애하는 거고, 부동산투자는 결혼하는 거라는 말이 있는데 엄마 말이 바로 그거네. 맞아. 부동산은 한번 매입하면 주식처럼 쉽게 매도하고 나올 수 있는 게 아니니까 꼼꼼히 잘 따져봐야 해.

그래서 부동산투자를 할 때는 주식투자를 할 때보다도 더욱더 이것저것 따져보고 난 다음에 투자를 해야 해."

"그래, 그럴 것 같구나."

"이것저것 따져보려면 직접 발로 움직이는 게 최고야. 이 건물은 전철역에서 약 475미터 정도 떨어져 있더라고. 이런 것도 경매에 뛰어들려는 사람이 직접 확인해봐야 해. 걸어서 과연 얼마만큼 시간이 걸리는지, 또는 대중교통도 직접 이용해봐야 하고.

이렇듯이 직접 현장 조사를 하는 걸 '임장'이라고 해.

임장에 나가려면 먼저 집을 나서기 전에 복사한 지번도를 펼쳐놓고 해당 번지를 찾아 표시를 해야 해. 그래야 들고 다니기 편하고 집을 찾기 쉬우니까."

전철 2호선 대림역에서 내려 둘째가 먼저 찾아간 곳은 주민자치센터라고 했다.

왜냐하면 전입신고를 했다고 하더라도 반드시 주민자치센터에서 전입세대 열람을 해야 하기 때문이다.

"신고된 전입자 이외에 다른 전입자가 있을 수도 있고, 중간에 임차인이 전입을 뺄 수도 있어. 그냥 사이트에 나온 대로 믿으면 되지 하는 귀찮은 생각이 들더라도 반드시 해야만 하는 일이야.

사소하게 넘긴 것이 나중에 큰 화근이 될 수 있으므로, 늘 그런 일이 발생하지 않더라도 돌다리도 두드려 보고 건넌다는 심정으로 임장에 임해야 해. 이렇게 하면 경매 사고가 발생하지 않아.

경매로 잘못된 투자를 하게 되는 경우는 초심의 자세를 잊고 기본적으로 반드시 해야 할 일을 하지 않기 때문에 생겨나는 거야.

전입세대 열람을 하기 위해서는 사이트에서 출력한 정보지와 전입세대 열람신청서를 작성해야 해. 또한 '경매가 진행 중이다.'라는 증거자료를 보여주어야 하고, 그렇지 않으면 열람을 할 수가 없어."
라고 딸은 그 이유를 들려주었다.

딸의 임장 이야기는 다음과 같다.

나는 주민자치센터에 열람신청을 하고 내역서를 받아 보았다. 김○○ 씨가 2006년 3월 13일에 전입되어 있는 것을 확인할 수 있었다.

그리고 나서 해당 부동산이 위치하고 있는 곳으로 갔다. 주변에 오피스텔이 많았다. 시세 조사도 할 겸 분양을 하고 있는 오피스텔로 들어갔다. 사이즈별로 분양되는 가격과 내부도 살펴보았다.

경매로 매각되고 있는 오피스텔과 비슷한 사이즈는 1억 5천만 원에 분양되고 있었다.

그런 다음 해당 오피스텔로 갔다. 건물 외관을 바라보고 있는
데, 건물 안에서 남자 세 사람이 나왔다.
다짜고짜 그들에게 다가가 질문을 던졌다.

"아저씨, 여기 오피스텔 얼마 정도 해요?"
중간에 서 있던 아저씨가 대답해준다.

"아니, 오늘따라 왜 이리 손님들이 많아? 따라와요."
하며 다시 건물로 몸을 돌린다. 따라오라고 하니 갈 수밖에.
나는 기분 좋게 따라나선다.

그 아저씨는 오피스텔 분양을 담당하고 있었다. 덕분에 건물
내부를 자세히 볼 수 있었다. 2005년도에 신축을 하였는데 그동
안 가격이 많이 올라 임차인들을 미리 내보내고 더 높은 가격에
다시 분양을 하는 중이었다.
분양 가격표를 보니 내가 입찰하려는 오피스텔과 층과 평형
이 같은 경우 1억 1,500만 원이 분양가였다. 감정이 1억 2천만
원으로 되어 있었으니 입찰가를 쓸 때 좀 더 신중해야겠다는 생
각이 들었다.

아저씨 덕분에 내부를 꼼꼼히 볼 수 있었다. 마감도 잘되어 있었고, 분위기가 다른 오피스텔과는 달리 가정집 같은 분위기가 나는 것도 좋았다. 외관은 다른 오피스텔보다 못했지만 내부는 충분히 만족할 만한 수준이었다.

아저씨에게 고맙다는 인사를 건네고는 분양 사무실에서 나와 관리실을 찾았다. 미리 준비해 간 비타민 음료수를 관리실 아저씨에게 건네며 해당 부동산을 매입하려고 하는데 관리비 밀린 것이 있느냐고 물었다. 다행히 관리비는 밀린 것이 없었다.

덤으로 관리비가 해당 호수의 공과금과 공용 부분을 합쳐 5만 원 정도 되고, 전입한 김○○ 씨는 현재 동생과 함께 살고 있다는 사실도 알게 되었다.

그러고 나서 주변의 오피스텔을 몇 개 더 보고 대로변 쪽으로 나갔다. 젊은 사람들이 많이 찾을 것 같은 한 김밥 가게로 들어갔다.

마침 점심때가 지나서 안은 한가했다.

김밥과 라면을 주문하고 주위를 두리번거렸다. 사장처럼 보이는 남자가 신문을 펼쳐 들고 있었는데, 그에게 말을 건넸다.

"아저씨 여기 오피스텔 구하려고 하는데 요즘 이쪽 지역으로 사람들이 많이 오나요?"

"오피스텔을 구한다고? 여긴 2호선이랑 가까워서 전보다 더 많은 사람들이 와. 그런데 세는 좀 많이 올랐을걸."

점심시간이 훌쩍 지나서 허기가 졌다. 그런데다가 걸어 다니느라 몰랐는데 무척이나 추운 날씨였다. 허겁지겁 밥을 먹고 나니 좀 살 것 같다.

김밥 가게에서 나와 이번엔 부동산 사무실에 들렀다.

전용 14평 정도의 오피스텔을 구한다고 하니 전세가 8,000만 원에서 9,000만 원 정도 한다고 했다.

2006년도에 지금 살고 있는 임차인이 7,000만 원에 살고 있었으니 그동안 전세가가 많이 오른 것이다.

다시 다른 곳 몇 군데를 들렀는데 대답은 엇비슷했다. 한 번 더 주위 상권을 살피고 나서 현장 조사를 끝냈다.

순분은 둘째의 이야기를 듣고 나서 물었다.

"니는 시세 조사할 때 김밥 가게에 가서 물어 보니?"

"매번 그런 것은 아니고 오피스텔일 경우 근처 김밥 가게나 식당에 가서 물어봐. 이런 김밥 가게는 오피스텔로 배달을 많이 가기 때문에 건물의 공실률을 알아보는 데는 적격이거든."

남들은 하지 않는 것 하나 더 하기

> 성공과 실패는 대부분 1% 차이다.
>
> – 부자파로스

"엄마, 이제부터는 남들이 하지 않는 건데 나는 꼭 하는 그런 걸 말해줄게. 시세 조사를 하는 것으로 임장이 다 끝난 것은 아니야.

현장 조사를 하고 그 물건이 마음에 들면 나는 으레 매각물건명세서를 확인하러 법원엘 가."

순분이에겐 어려운 용어가 또 하나 나왔다.

"매각물건명세서라는 것이 뭔데 법원까지 가서 봐야 하노?"

"매각물건명세서는 등기부등본에서 건물 현황, 임차인 현황 등이 적혀 있는 서류야.

이것도 인터넷으로 볼 수 있지만 중간에 변경된 사항이 있는지 확인하기 위해서는 법원엘 가야 해.

미처 사이트에 올라가지 못한 정보라 할지라도 법원에 비치되어 있는 매각물건명세서에는 기재되어 있거든."

"그럼 그 매각물건명세서는 어느 때나 볼 수 있니?"

"매각물건명세서는 법원에서 매각이 진행되기 일주일 전부터 비치해두고 있어.

법원의 경매계에 들러 확인하면 되는데, 누구라도 볼 수 있어. 매각물건명세서는 중고등학교 출석부처럼 표지로 여러 서류를 묶어둔 거야."

"아무튼 그렇다 치고, 그걸 보고 나서 뭔가 문제될 거라도 있었니?"

"해당 사건번호를 확인하고 매각물건명세서를 꼼꼼히 살펴봤는데, 사이트에 나와 있는 내용과 다른 점이 하나도 없었어."

"그런 다음에는 뭘 해야 하는 거지?"

"매각물건명세서를 확인하고 나서는 집행관 사무실로 가야 해. 입찰표와 입찰 봉투를 얻어야 하니까."

"당일 날 입찰표를 쓰는 게 아니고?"

"으레 해당 일에 법원에 가서 쓰지만, 아침엔 분주하므로 미리 써두는 습관을 들이는 게 좋아.

법원 분위기 때문에 마음속에 정해놓았던 가격을 엉뚱한 가격으로 바꿔서 쓸 수도 있거든.

그런 경우 대부분 결과가 좋지 못해. 이런저런 과정을 통해 적정한 가격을 정했는데, 한순간에 그 가격이 바뀌어버리면, 그건 현명한 행동이 분명 아닐 거야.

봐봐, 입찰표는 이렇게 생겼어.

입찰가격란과 보증금액란을 바꿔 쓰지 않게 주의해야 해.

그런 다음에 금액을 잘 적어 넣고, 768만 원 수표를 보증금 봉투에 넣는 거야."

"꼭 768만 원이어야 하는 이유가 있니?"

기일입찰표 양식

"감정가가 1억 2천이고, 최저가가 7,680만 원이잖아. 보증금은 최저가의 10%를 넣어야 하는 거야.

처음엔 이것을 몰라 현금으로 모두 준비했다가 집행관에게 핀잔을 들은 적도 있어. 수표 뒤에는 사건번호와 이름 그리고 전화번호를 적어 넣으면 되고."

"입찰표 외에 달리 필요한 건 없니?"

"입찰 당일에는 반드시 신분증과 막도장을 준비해서 갖고 가야 해.

그리고 내가 만약 엄마 대신 입찰을 하는 거라면, 입찰표 뒤에 있는 위임장란을 작성하고 거기에 엄마의 인감도장을 찍어야 해.

입찰표 봉투에 엄마의 인감증명서도 반드시 첨부해야 하고."

"아, 대리로 입찰할 수도 있는 거로구나!"

"그러려면 미리 인감증명서를 준비해둬야겠지. 알고 있겠지만, 인감증명서는 주민자치센터에 가서 발급받으면 되는데, 낙찰받으면 이래저래 쓸 일이 많으니까 미리 여러 장 받아두는 게 좋아.

인감증명서를 첨부하지 않으면 낙찰은 무효가 된다는 것도 잊지 말아야 하고. 그리고 당일 날 반드시 확인해야 할 것이 있는데, 바로 등기부등본을 보는 거야."

"등기부등본은 권리분석인가 뭔가 할 때 이미 봤잖아."

"그래도 다시 확인해야 해. 혹, 그사이에 권리변동이 있는지 없는지 봐야 하거든.

그건 대법원 등기소 사이트에 들어가서 열람하면 돼. 권리변동이 있든 없든 어쨌든 낙찰을 받은 사람이 그것에 대해 책임져야 하기 때문에 꼼꼼하게 확인하는 게 좋아.

어제까지 아무런 변동이 없었는데, 설마 당일 날 아침에 변동이 있을까 하고 생각할 수도 있는데, 사실 그런 일은 비일비재해. 자주 일어난다고."

"잠시라도 방심해선 안 되겠구나. 하여튼 대단하구나. 스물두 명이나 입찰했는데, 11,000원 차이로 낙찰을 받았다니. 떨어진 사람은 기분이 좀 그랬겠다."

경매하는 과정의 얘기를 들어보니 한 건의 입찰을 하기 위해 들이는 수고가 이만저만한 게 아니었다.

단 한 번의 낙찰로 큰 수익을 본다고 하더라도 이렇게 11,000원 차이로 어이없이 떨어지는 경우도 있으니 더욱더 그럴 것이다.

어쨌든 딸을 보면서 장하다는 생각이 들었다. 남들이 하지 않으려 하는 것을 발품을 팔아가며 열심히 하는 모습이 보기에 기특했다. 뭐든 열심히 하는 사람에게 운도 따르고 성공도 따르는 것이 아니겠는가.

"경매란 게 이것저것 신경도 써야 하고, 생각보다 많이 힘드네."

둘째가 빙긋이 웃으며 말한다.
"엄마, 이걸로 다 끝난 게 아냐."

끝이 아니라니? 경매에서 낙찰을 받으면 그걸로 끝이지, 대체 또 뭐
가 남았다는 것인지?

뭐든지 뒷심이 좋아야 한다

"엄마, 이제부터가 진짜야. 이제 비로소 진짜 경매의 세계에 들어온 거라고 생각하면 돼. 앞서 말한 건 경매의 삼분의 일 정도밖에 안 돼."

"대체 뭐가 남았는지 뜸 들이지 말고 어여 설명 좀 해봐라."

"엄마 낙찰을 받으면 법원에서 입찰보증금 영수증을 하나 줘.

법원에서 매각절차에 어떤 잘못된 사항이 있었는지 없었는지 확인한 뒤 일주일 후에는 낙찰허가를 해주고.

낙찰허가 결정이 나오고 일주일 이내에 이해관계인은 항고를 할 수 있어. 물론 이해관계인은 낙찰대금 10%에 해당하는 금액을 법원에 공탁해야 하지. 경매에서 항고를 하게 되면 이건 즉시항고로 인정되고, 낙찰자는 낙찰보증금을 낸 채 항고의 결과가 나올 때까지 기다려야 해.

항고가 기각되면 채무자나 소유자의 공탁금은 몰수되고, 그 외의 이해관계인은 비용이나 이자비용 등을 감안한 금액을 빼고 돌려줘."

"낙찰받고 기다리는 시간이 의외로 길구나."

"이 기간 동안 낙찰자들은 자신이 낙찰받은 물건에 대해 이런저런 생각을 하게 되고, 사실 후회도 많이 해. 한편으로 낙찰받은 건물에 살고 있는 점유자를 어떻게 내보내나 하는 생각에 신경이 곤두서 있기도 하고. 물론 이 기간을 못 버티고 보증금을 포기하는 사람들도 더러 있어."

"그래서 뭐든 뒷심이 좋아야 되는구나. 자신에게 굴러온 행운을 지키려면 말이다."

"일주일 후에 낙찰허가 결정이 나왔어. 낙찰자는 낙찰받는 순간부터 이해관계인이 되므로 법원에서 그동안 보지 못했던 관련 서류들을 볼 수 있어.

그 서류에는 임차인들의 부동산 계약서도 있어. 부동산 계약서에는 당연히 임차인의 연락처도 적혀 있고.

그러니까 그 전화번호를 보고 임차인에게 전화를 걸어야 하는 거야. 물론 나도 그랬지만."

순분은 궁금했다. 딸은 살고 있던 사람들을 어떻게 내보냈을까? 혹,

한바탕 싸움이 벌어졌던 것이 아닐까? 세입자 중에는 일부러 헤살을 놓는 사람도 더러 있지 않을까 싶었던 것이다.

"이제부터 팽팽한 명도 협상이 시작되는 거야. 난 공손하게 전화를 걸었어. 전화를 받은 사람은 아가씨였는데, 말투가 금방이라도 나하고 싸울 기세더라고."

임차인 여보세요! 저희가 지금 보증금액에서 6백만 원 정도 못 받는 거 아시죠?

딸 (친절하게 전화를 거는 딸은 상반된 태도를 보이는 젊은 여자의 물음에 우선 심호흡을 한다.) 아, 네. 6백만 원 정도 못 받는다고요? 전 사이트에 배당예상표를 보니 다 받아가시는 걸로 알고……. (알면서도 짐짓 모른 체한다. 임차인이 돈을 못 받아가는 것에 대해 책임이 없음을 알리기 위한 전략이다.)

임차인 세금 밀린 게 2,000만 원 정도 돼요. 그래서 우리가 못 받는 금액이 6백만 원 정도 된다고요.

딸 그래도 그건 전 주인과의 문제예요. 전 경매로 집을 산 것뿐입니다. 제게 이렇게 화를 내실 필요는 없을 것 같습니다.

임차인 상관없다는 거예요, 지금? 우리가 6백만 원이나 못 받아가는데도 우리에게 나가라고 하는 거예요?

딸   (태연하게 웃으며 능청을 떤다.) 전 나가라고 한 적 없습니다. 계속해서
     임차를 하고 싶으시면 저와 다시 계약서를 쓰셔도 되고, 아니면 다
     른 곳으로 이사를 가고 싶으시면 그렇게 하셔도 됩니다.

임차인 (상대방이 끝까지 침착하게 말을 하니 할 말이 없다. 잠시 뜸을 들인다.) 여기
     살면서 마음고생을 많이 해서 더 살고 싶지 않아요. 이사비 주시면
     나가죠. 보통 2백만 원은 받는다면서요.

딸   (이렇게 이사비를 요구하면 강하게 나가야 한다.) 이것 보세요. 이백만 원
     이라뇨? 누가 그래요? 누가 합법적으로 낙찰자에게 이백만 원을
     받을 수 있다고 합니까? 그거 사기인지 알고 말하는 거예요?
     그리고 아무런 관련도 없는 사람에게 돈을 요구하는 건 법에 어긋
     난다는 거, 지금 알고 말씀하시는 건가요?
     왜 전 주인한테 받지 못한 것을 뼈 빠지게 돈 모아 경매로 집 산 사
     람한테 화풀이를 하시는 거죠? 그게 말이 되는 소리인지, 한번 입
     장을 바꿔놓고 생각해보세요."

임차인 (예를 갖춰 말하던 상대방이 소리를 지르니 당혹스럽다. 자신이 좀 과했나 생
     각을 하면서) 아니, 제가 언제 이백만 원을 달라고 했어요. 그냥 이백
     만 원을 받을 수 있다고 말했을 뿐이죠.

순분은 더욱 궁금해진다.

"그래서 그 아가씨가 뭐라고 하던?"
"은연중에 임차인도 자신의 언행이 뭔가 잘못되었나 싶어 찔끔했을

거야. 낙찰자한테서 최대한 이사비를 받으라고 누군가에게 들었을 텐데, 그래서 막상 말을 하긴 했는데, 그것이 자신이 생각하기에도 합당한 일이 아니라는 건 알고 있었을 테니까. 내가 강하게 법 운운하니까 덜컥 겁도 났을 거야."

딸   (이렇게 된 것은 결국 아가씨의 무례한 언행 때문이라는 뉘앙스를 풍기며) 전서로 잘 합의해서 큰 소리 나지 않게 하고 싶었어요. 그래서 순순히 집을 비워주시면 이사비는 어느 정도 감안해서 드릴 생각을 하고 있었고요.
그런데 이렇게 나오시면 이사비를 드리고 싶은 생각이 자연스레 사라질 수밖에 없게 되는 거죠.

임차인 (자존심이 상한 듯) 누가 이사비를 달라고 했어요? 나갈게요. 나가면 될 거 아네요.

"이렇게 해서 전화 한 통화로 협상이 끝났어."
"에구, 야야. 한 번의 전화 통화로 끝나서 다행이다. 이런 거 여러 번 하다가는 진이 다 빠지겠다."
순분은 고개를 절레절레 흔든다.

"나도 처음에는 이렇게 짧게 끝내지 못하고 시간이 많이 걸렸어. 전화를 바로 해보면 될 텐데 주저하며 시간만 보내기도 했고. 그러면서 심적으로 몹시 힘들어지더라고.

그런데 지금은 바로 전화를 해서 내 입장을 밝혀. 편의를 봐드릴 만한 건 그렇게 해주고. 여러 번 하다 보니 전보다는 제법 많이 효율적으로 하는 편이야.”

이왕 맞을 매면 빨리 맞는 게 낫다고 했다. 그러니 이왕 전화하고 만나고 해야 할 사람이라면 질질 끌기보다는 서둘러 하는 게 나을 건 당연하다. 그런 점에서 딸은 나를 닮은 것 같다.

내 딸도 때로는 지독한 경매꾼인가 보다

둘째에게서 어떻게 오피스텔 하나를 낙찰받았는지를 들어 보니 어리게만 보이던 딸이 이제 다 컸구나 싶다.

경매투자에 뛰어들기 전에 나름대로 공부도 많이 하고, 경매를 받기 전에 여러 조사를 벌이고, 그러고 나서도 마지막 결정은 신중하게 하고, 순분이는 딸에 대한 믿음이 더욱 강해진 것 같았다.

"그래, 그 아가씨는 순순히 이사를 나갔고?"

"아가씨 혼자가 아니고 동생이 있었어. 이삿날 전쟁 좀 치렀어. 물론 이사비는 주지 않았어."

둘째가 피식 웃는다.

"전에 듣기로는, 이사비를 줬던 것으로 기억하는데, 이번에는 왜 이사비도 안 주고 내보냈냐? 니가 그렇게 지독한 줄은 몰랐다."

내 말에 딸이 정색을 한다.

"엄마도 그렇게 생각하는구나. 하긴 우리나라 사람들은 아직까지도 경매라는 것에 인식이 좋지 않으니까. 경매로 낙찰받는 사람들을 피도 눈물도 없는 사람들로 생각하는 경향이 강하니까. 엄마처럼."

딸의 마음이 상했나 보다.

"아니, 그게 아니고, 네가 그 아가씨들에게 야박하게 해서 나중에 해코지라도 당하면 어쩌나 걱정하는 거잖니."

"엄마, 잘 생각해봐. 경매로 집이 넘어갔어. 그럼 가장 불쌍한 사람이 누구지?"

갑작스런 질문에 순분은 잠시 생각을 해본다. 누구일까?

"음, 아무래도 남 보증 잘못 해줬다가 집 날린 사람? 그리고, 돈 한 푼 못 받고 쫓겨나는 세입자들?"

"엄마 말대로 그 사람들 불쌍해. 그런데 돈을 빌려준 사람은 어떨 것 같아? 한푼 두푼 안 쓰고 모은 돈을 빌려주었는데, 그걸 못 받는 사람은? 그리고 경매로 넘어간 집을 아무도 사주지 않는다면, 은행은 앞으로 부동산을 담보로 대출을 해주지 않을걸. 어찌 되었든 경매투자를 하는 사람이 집을 비싼 값에 사주면 혜택은 채무자나 소유자나 대출권자 또는 임차인들에게까지 미칠 수 있는 거야.

하지만 사람들은 경매로 집이 넘어가면 집 내부를 보여주려고도 하지 않아. 꽁꽁 문을 걸어 잠그고 대답조차 안 해. 만약 이 임차인도 내가 좀 더 높은 금액으로 낙찰을 받았으면 자신의 보증금을 다 배당받을 수 있었어.

내가 좀 더 낮은 금액에 낙찰을 받았다면 당연히 임차인이 배당받아가는 금액은 더욱 줄어들었을 테고. 경매에 대한 사람들의 인식이 보다 좋았다면, 아마 지금보다도 훨씬 높은 금액에 낙찰가가 정해졌을걸."

딸의 말을 듣고 보니 일리가 있는 것 같았다. 생각해보면, 딸처럼 생각해본 적이 한번도 없었다.

왜 그랬을까? 자신이 세상을 제대로 모른다는 생각조차 들었다.

"보다 중요한 건 나는 임차인에게 잘못한 것이 전혀 없다는 거야. 내가 잔금을 치르고 대출이자를 갚는 동안에 임차인은 한 달 반을 더 살다 나갔어. 다른 곳에 집을 쉽게 구하지 못한다고 해서 내가 편의를 봐줬어. 난 대출금 6,400만 원의 이자로 월 42만 원씩 나가고 있었지만 말이야.

한 가지 간과하지 말아야 할 건 임차인이 왜 보증금을 다 받을 수 없었느냐 하는 거야. 그건 그 누구의 잘못도 아닌 본인의 잘못이 커.

이렇게 저당이 걸려 있는 경우에는 전세를 얻을 때 조심을 했어야 해. 저당권 설정을 해둔 채로 계약서를 썼다는 건 후일 일어날 일에 대해 감수하겠다는 의미도 포함되니까.”

그동안 맺힌 것이 많았는지 딸의 목소리가 조금 커진다.

하지만 세상일이란 게 원리원칙대로만 흘러가는 것은 아니지 않는가. 내색은 하지 않았어도 딸아이가 야박한 구석이 있구나 싶었다.

나름대로 내색하지 않으려고 애썼는데, 그걸 눈치 챘음인가? 딸아이가 이렇게 말했다.

“엄마, 나도 알아. 아무리 낙찰자가 해당 점유자와는 아무런 상관이 없고 잘못한 것이 없다고 하더라도 인지상정이라는 게 있다는걸. 그래서 이미 많은 아픔을 겪은 사람들에게는 되도록 상처를 주지 않고 잘 협의를 하려고 노력하는 편이야. 그래서 이사비를 달라고 하지도 않았던 어떤 할아버지한테는 몇백만 원 드린 적도 있어. 방 한 칸 마련하는 데 보태라고.

하지만 이렇게 젊은 아가씨들이 무턱대고 낙찰자에게 이사비를 요구하는 건 아니라는 생각이거든. 낙찰자가 죄인도 아닌데 낙찰자에게 이사비를 요구하는 걸 정당한 행위처럼 생각하거든.

난 그 아가씨들이 좀 혹독하게 세상 공부를 했다고 생각했으면 좋겠어. 과거에 내가 그랬듯이. 난 내가 저지른 행위에 대한 대가에 대해 그만큼, 아니 두 배 세 배로 돌아오는 공부를 한 셈이라고 생각했거든."

그랬다. 둘째는 이집 저집 전전하며 살았다. 결혼한 후에도 고생을 많이 했다.

"아가씨들이랑 이삿날 전쟁을 치렀다는 얘긴 무슨 소리냐? 이사 안 나가겠다고 하던?"

"아냐. 이사 안 나간다고 하면 배당금액에서 대출금 이자를 강제 집행한다고 하면, 그러니까 압류를 걸겠다고 말하면 보통은 집을 비워줘. 그래서 조금이라도 배당받아 갈 수 있는 임차인은 명도 협상을 하기가 수월한 편이야.

그래도 이 말은 가장 나중에 해야 해. 처음부터 이렇게 협상하기 시작하면 감정싸움으로 극한 상황으로까지 치몰리거든. 그래서 마지막에 어쩔 수 없다 싶을 때 꺼내는 협상 카드야. 강제 집행은 될 수 있으면 안 하는 게 좋아.

물론 어떤 사람들은 임차인들과 힘들게 줄다리기 하느니 곧장 강제 집행을 하는 쪽을 택하기도 해. 그래도 난 강제 집행에 드는 비용을 임차인에게 줘서라도 그건 피하려고 해. 지금까진 잘 해왔는데, 모르지 앞으로는 어떨지……."

아가씨들 이삿날 이야기는 빼고 다른 이야기를 하는 걸로 보아 무슨 일이 있긴 있었던 모양이다.

순분은 궁금하여 다시 한 번 캐묻는다.

"아가씨들과 전쟁을 치렀다는 얘긴 말하기 싫은 거냐? 이사비를 달라고 하던?"

"그건 아니고, 아가씨들이 이삿날 시간을 잘못 잡은 거야. 2시에 이삿짐을 싸기로 했으니 그때 명도확인서를 써달라고 한 건데……."

순분에겐 또다시 생소한 말이 나왔다. 명도확인서라니?

"명도확인서?"

"임차인이 법원에 가서 배당금을 받으려면 명도확인서를 낙찰자에게 받아가야 돼. 집을 비워주었다는 확인서지. 이 명도확인서와 낙찰자의 인감증명서를 들고 법원으로 가면 배당금을 줘.

그때 난 강의를 하느라 바쁠 때라 근이를 대신 보내면서 그랬지. 이삿짐을 2시에 싼다니까, 한 시간쯤 늦게 가라고."

그때 상황이 떠오르는지 딸의 얼굴에서 맥이 빠져 보인다.

"한 시간 늦게 가라고 한 건 원래 이삿짐 싸는 시간이 길잖아. 명도확인서는 이삿짐을 싸고 있더라도 짐이 트럭에 다 실린 것을 확인하고 나서야 해주는 거고. 그렇지 않고 미리 확인해줬는데, 쌌던 짐을 다시 풀어버리면 그때부터는 일이 더 복잡해지거든.

그래서 짐이 다 싸는 것을 기다리는 데 서너 시간 걸리니까, 근이가 너무 오래 기다릴까 봐 한 시간 늦게 가라고 했던 거야."

한 시간 늦게 간 것이 어떤 화근이 되었나 보다.

"그런데 근이가 현장에 도착하니 언니라는 아가씨가 왜 이제야 오느냐며 지금 당장 배당금 받으러 가야 하니까 다짜고짜 명도확인서를 달라고 하더래.

근이는 아가씨가 강압적으로 말하니까 얼떨결에 명도확인서를 주었어. 배당금을 받으러 간 아가씨가 법원에 도착하니 4시가 넘었다고 담당 직원이 없으니 월요일 날 다시 오라고 한 거야. 하필 다음 날이 토요일이라 근무를 하지 않는다고. 두 아가씨의 짐들은 이미 트럭에 다 실린 상태였어.

동생이라는 여자는 밖에서 언니를 기다리고 있었고, 근이는 비워진 오피스텔 안에서 청소를 했고. 법원에 갔던 아가씨가 화가 나서 내게 전화를 걸었어. 왜 사람을 한 시간 늦게 보냈느냐고.

난 솔직하게 얘기했어. 나도 어쩔 도리가 없는 상황이었다, 집을 다 비워주지 않았는데 명도확인서를 줄 수는 없는 것이다, 하지만 오늘이 금요일이라는 걸 잊은 건 내 잘못이다,라고 말이야. 그러니까, 여자가 그러더라고. 월요일까지 더 있겠다고."

그런 상황이 있었는지 몰랐다.

"이틀 정도는 있어도 되지 않니?"

이 말에 딸이 난감한 표정을 짓는다.

"나도 마음 같아선 그렇게 하고 싶었어. 하지만 사람의 마음이란 게
그런 게 아니잖아.

아가씨들의 마음이 변해 더 머물겠다고 하면 일이 복잡하게 흐를 테
고. 이럴 때는 독하게 마음을 먹어야 해."

경매에서 낙찰받을 때까지의 이야기를 들을 때는 순분이도 한번 해
보고 싶은 마음이었다.

하지만 딸이 겪은 명도 이야기를 들으니 다시 가슴 한쪽이 벌렁거
린다.

'나도 할 수 있을까?'

오피스텔 투자 시 알아두어야 할 법률적 것들!

소형주택 공급부족으로 인해 최근 소형 오피스텔 가격은 급등했고, 임대료 또한 많이 올랐다. 그래서 임대수익을 노리고 오피스텔에 투자하려는 사람들이 많이 늘었다. 오피스텔 투자할 때 알아두어야 할 사항들이 있다.

첫째, 오피스텔을 주택으로 임대를 놓게 되면, 주택으로 간주하게 된다. 그래서 양도세를 낼 때도 주택임대차로 임대를 놓은 오피스텔은 가구수에 포함이 된다. 하지만 주택임대사업자를 하려고 하는 사람들은 유의해야 한다. 주택임대사업자 등록을 하려면 자신의 가구를 제외한 5가구 이상을 보유해야만 등록을 할 수 있는데 오피스텔은 제외가 된다.

둘째, 오피스텔을 낙찰받고 잔금 대출을 받을 때도 일반 주택과는 다른 부분이 있다. 다세대 빌라 등은 보통 감정가 또는 낙찰가에서 최대 80% 정도 대출이 가능하지만, 제2금융권에서는 오피스텔의 대출 비율을 감정가 또는 낙찰가의 80%에서 이 80%로 대출 가능 금액까지로 잡는다. 왜냐하면 오피스텔은 보통 소액 보증금을 받고 월세를 받는 경우가 많으므로 최우선 변제금을 받아 갈 금액을 미리 계산하고 대출을 해주기 때문이다.

셋째, 오피스텔의 전용 사이즈는 큰 것이 다 좋은 것은 아니다. 오피스텔은 무엇보다도 먼저 임대수익을 따져 보아야 한다. 시세보다 싸다고 해서 무작정 매입을 할 것이 아니라, 임대수익이 나는 적정한 수준의 가격에서 매입을 해야 한다. 그래야 다음에 사려는 매수자도 임대수익을 따져 그 오피스텔을 사려고 하기 때문에 충분한 가격 여유분을 따져 보아야 한다. 그래서 되도록이면 시세에 비해 현격히 싸게 매입하는 것이 좋은데, 오피스텔은 종종 건물 전체가 경매로 나올 때가 많다.

한 지역의 오피스텔 임대료는 전용 사이즈에 따라 크게 다르지 않다. 한 지역의 오피스텔 임대 시세가 500만 원 보증금에 40만 원으로 형성되어 있다면, 그 전용 사이즈가 23제곱미터나 30제곱미터나 같다는 말이다. 하지만 경매로 매각되는 물건은 이런 물건의 감정가가 사이즈별로 다르다. 그래서 전용 사이즈가 약간 더 적더라도 될 수 있으면 더 싼 가격의 오피스텔을 매입하는 것이 나을 것이다.

제4장

'딸'이 낙찰받은 실제 사례로 배우는 경매 이야기

자투리땅에 콩을 심고 옥수수를 심듯이

경매는 모든 투자의 집합체이다.   - 부자파로스

많은 일 중에 딸은 왜 경매투자를 선택했을까? 순분이는 그것이 궁금했다.

"넌 대학까지 나와서 왜 하필 경매투자를 할 생각을 했어?"

둘째는 엄마도 이런 질문을 하느냐는 표정이다.

"세상에 대한 공부를 하고 나서 좀 더 돈을 현명하게 벌 수 있는 방법이 없는지 찾아봤는데, 그때 눈에 들어온 게 경매투자였어.

사실 요즘 대학 안 나온 사람이 거의 없을 정도로 수두룩하잖아. 그

들이 들어가고 싶어 하는 직장도 거의 비슷하고.

그러다 IMF를 겪으면서 이런 생각이 들더라고. '나의 경제적 문제는 정부도 나의 회사도 아닌 전적으로 내가 책임져야 한다!' 경매투자는 그저 자신이 잘하기만 하면 그것이 고스란히 성과로 돌아오니까 그 무엇보다 좋더라고."

둘째가 대학을 어렵게 졸업했을 때 우리나라는 IMF를 겪고 있었다. 그때 직장을 구하지 못하고 시기를 놓친 이들은 딸처럼 오랫동안 사회에서 자리를 잡지 못했다.

"우리나라에선 부동산투자를 많이 하는 사람을 투기꾼으로 보잖아. 그런 사람들의 시선이 좀 부담스러웠을 텐데, 그래도 용케 버텼네."

그랬다. 순분도 그렇지만 부동산투자에 대해 사람들의 인식은 썩 좋은 편이 아니다.

돈 많은 사람들이 부동산을 사재기하고, 쉽게 큰돈을 벌어들이는 것을 여러 번 보고 듣고 했기 때문이다.

어쨌든 투기 탓에 가난한 사람들에게 많은 피해가 돌아가는 것이 사실이지 않은가.

하지만 딸은 종자돈도 변변하지 않은 상태에서 투기가 아닌 투자를 한 셈이니 경우가 다르기는 할 것이다. 그렇다 하더라도 사람들이 안 좋게 바라보는 경매를 한다는 것에 대해 순분의 시선 또한 한동안 탐

탁지 않았던 것이 사실이다.

"글쎄, 표현은 하지 않지만 안 좋게 나를 바라보는 분들이 꽤 될 거야. 하지만 저 여자도 하는데 나라고 못할까 하고 자신감을 얻게 된 분들도 계실 거야. 물론 경매투자가 인생을 바꿔줄 황금 상자는 아니지만……."

딸의 말을 듣고 보니 그렇겠구나 하는 생각이 들었다. 한편으로 딸이 그동안 마음고생이 심했겠구나 하는 생각도 들었다.

"그런 사람들이 니한테 도와달라는 경우도 있니?"

"응, 좀 많아. 내 책을 읽고 직장을 그만두고 경매에 매진하겠다는 사람들도 있었고, 그렇게 된 것이 전적으로 내 탓이니 자신이 부자가 되게 만들어줘야 한다는 사람도 있었어.

하지만 그런 사람들에게는 내가 해줄 수 있는 건 아무것도 없어. 내가 경매투자를 하면서 깨달은 게 있는데, 이건 다른 투자보다 더 많은 자신과의 싸움이 필요하다는 거야. 그래서 경매투자를 하려는 사람들은 공부를 많이 해야 돼."

"솔직히 경매를 전업으로 하는 건 쉬운 일이 아냐. 나 역시 경매로 돈을 벌고 있지만 그렇다고 내 꿈이 경매를 전업으로 하는 사람은 아니거든. 경매투자는 나의 인생을 풍요롭게 만들어주는 여러 수단 중 유용한 하나의 수단일 뿐이야."

"물론 유용한 수단이 되기 위해 많은 시행착오를 겪었지만. 덕분에 이제는 좀 익숙하고 편해졌어. 방금 말했듯이 경매를 잘하려면 반드시 과정이란 게 필요해.

그런데 사람들은 반드시 거쳐야 할 단계를 훌쩍 건너뛰고는 수익이 나기만을 고대하지. 마치 익지도 않은 감이 나무 아래로 떨어지기를 바라면서 입을 벌리고 있는 모양이랄까.

그런 사람들을 도와주기란 나로서도 여간 힘든 일이 아냐. 내 딴에 도와준다고 도왔는데, 나중에 비난을 듣는 경우도 있으니까."

"엄마한테 이미 말해줬지만, 경매란 건 낙찰을 받았다고 해서 그걸로 끝나는 게 아니잖아. 당연히 그걸로 당장 수익이 나는 것도 아니고. 명도 과정 그리고 각 시기별로 가격이 출렁거리는데 자신이 전적으로 책임을 지고 앞으로 나아가겠다는 마음이 없으면 이 시기를 버티지 못하게 돼. 일시적일지라도 부정적인 어떤 현상이 나타나면 자신을 도와준 사람을 원망하는 사람들도 있어."

"열심히 경매투자를 하다가 어떤 문제에 부딪혀 그것에 대해 내게 물어보는 분들에겐 나도 최대한 도와드리려고 노력을 해. 하지만 전적으로 나에게 모든 일과 결정을 맡기려고 하는 분들에겐 나를 믿어주는 건 감사하지만 해드릴 수 있는 게 아무것도 없어."

순분은 사례 이야기를 들으면서 우리가 일상적으로 알아둬야 할 것들에 대해 모른 채 살아왔다는 느낌을 갖게 되었다.

　순분은 경매 물건에 투자하는 과정의 이야기 속에서 많은 것을 배웠다. 딸에게 경매 물건 하나 받아달라며 맡겨두었으면 전혀 알지 못할 내용이었을 것이다.

　"내가 경매투자를 하면서 가장 좋았던 것은 당장 얼마의 돈을 수익으로 얻을 수 있다는 것이 아니라 이 경매투자를 하면서 알게 되는 법률지식, 금융지식, 세금, 부동산시장의 흐름, 사회의 전반적인 경제적 상황을 올바르게 바라볼 수 있는 시야를 가질 수 있다는 거였어.

　이 시야는 다른 어떤 일을 하더라도 도움이 된다는 걸 알게 된 거야. 이 투자의 방법은 사람을 많이 성장시켜. 다른 투자 수단들도 그렇겠지만 경매는 내게 특히 더 그랬던 것 같아."

　둘째는 지금 교육 사업을 하고 있다. 경매를 통한 경험이 그녀가 새로운 사업을 하는 데에 많은 도움이 된 듯했다.

　"경매투자 방법은 지극히 단순해. 물건을 고르고, 현장 조사를 하고, 마음에 들면 입찰해서 낙찰받고, 점유자를 내보내고, 전세를 놓거나 팔면 그것으로 끝이야.

　만약 제대로 된 투자였다면 시세보다 싸게 부동산을 구입한 셈이니 항상 수익이 나기 마련이지.

하지만 실패한 투자를 하게 되는 것은 아직도 투자자가 법률지식에 대해 제대로 공부를 하지 않았던 탓일 수도 있어. 또는 세금 문제를 간과했거나 부동산시장의 흐름을 잘못 판단한 것일 수도 있고."

딸의 말을 들으니 경매투자는 결코 단순한 투자가 아니라는 것이 이해가 되었다.

"부동산시장의 흐름을 잘 파악한다면 누구나 돈을 벌 텐데, 그것이 일반인들도 잘할 수 있는 것이냐?

넌 그래도 공부라도 한 머리가 있으니까 법도 알고, 세금도 알고, 부동산시장의 흐름도 잘 알고 하는 거지, 나 같은 사람들은 좀체 머리가 돌아가지를 않아서 머릿속에 들어오지도 않는다. 이런 것도 알아야 경매투자를 잘할 수 있다는 말이지?

그런데 이렇게 잘할 수 있는 사람들이 도대체 몇 명이나 되겠노?"

"엄마, 경매투자가 단순하지 않고 많은 공부가 필요하다는 건 맞아. 하지만 공부를 포기할 정도로 방대한 건 아니야. 짧은 시간에 필요한 만큼은 얼마든지 충분히 익힐 수 있어. 엄마도 이미 시장의 흐름을 읽을 줄 아는 능력을 갖고 있잖아."

딸의 마지막 말에 순분은 웬 뜬금없는 소리인가 싶어 눈을 동그랗게 떴다.

"나같이 장터에서 채소 팔고 농사만 짓는 사람이 무슨 시장의 흐름을 파악할 능력을 가졌다고 하노?"

"아냐. 엄마는 시장을 파악하는 데 이미 길들여져 있어. 예를 들어, 매 겨울마다 다음 봄에 어떤 작물을 얼마만큼 심을까 고민하잖아."

농사짓는 사람에게는 이것을 어떻게 결정하느냐에 따라 일 년의 수익이 달라지니 그만큼 심사숙고해야 한다. 일 년 농사짓느라 몸 고생 마음고생 다했는데, 정작 비료 값과 농약 값을 제하고 나니 수중에 떨어지는 돈이 한 푼도 없는 경우가 비일비재한 것이다.

"그렇지. 올해 배추 값이 비싸면 내년엔 사람들이 으레 많이 심을 테니까 난 배추 대신 고추를 더 많이 심는 편이지. 고추 농사를 짓는 사람들이 줄어들게 되면 고추 값은 비싸질 테니까."

"엄마도 이렇게 시장을 분석하고 파악하는 습관을 가졌잖아. 이것은 수요와 공급의 단순한 논리인데, 그렇다면 엄마에게 조금만 더 물어볼까.

요즘 시골에선 버섯 재배를 많이 해. 그런데 엄마는 왜 버섯 재배를 하지 않고 굳이 채소 농사를 고집하는 거야?"

딸이 농사짓는 것으로 빗대어 설명하니 순분도 신나게 대답을 해준다.

"요즘 시골에서 버섯 재배를 많이 하는 건 정부에서 버섯 재배용 비닐하우스 재료비를 지원(어머니 말씀으로는 약 80% 지원)해주니까 그런 거야. 그러니 너도나도 버섯 농사를 하지. 그러다 보니 예전엔 금값이 었던 버섯이 요즘은 어딜 가나 쉽게 살 수 있을 만큼 싼값으로 되었어.

　반면 채소를 기르는 사람들은 그만큼 줄어들어서 채소 값이 많이 올랐지. 그러니 예전처럼 채소 농사를 하면 되는 것이 상책이다 싶었던 게지."

　"그것 봐. 엄마는 정부정책에 따라 시장에 나올 버섯과 채소 현황을 예측한 거라고.

　정부가 거의 무상이나 다름없는 돈을 지원해준다고 얼씨구나 하고 버섯 재배를 한 것이 아니라 차분히 따져보고 나서 꿋꿋이 채소를 재배하기로 결정한 거야. 그리고 보면 우리 엄마 참 대단해.(코미디언 말투로 ^^)"

　딸이 미소를 지으면서 묻는다.

　"그럼 엄마, 마지막으로 하나 물어볼게. 우리 예전에 사과랑 배 키웠잖아. 그런데 과일 재배를 안 하고 어떻게 고추 농사를 짓게 된 거야?"

　순분은 딸이 왜 그리 뻔한 질문을 하느냐는 표정으로 답한다.

　"그야 온도가 높아지니까 수확량이 줄어들어서였지."

　"엄마는 다른 과수원들보다 더 빨리 과수원을 밀고 밭으로 만들었어. 그때 내가 잘한 일인가 하는 생각은 안 해봤어?"

물론 했다.

"당연히 했지. 왜 그 생각을 안 해봤겠냐. 거의 십 년 동안 과수원을 해왔는데. 그래도 농사짓고 헛수고 하느니 과감하게 바꿀 때는 바꿔야 하는 거야.

지금도 문경사과하면 알아주지만 그래도 좀 더 있어봐라, 강원도에서 나온 사과가 최고라는 말이 나올 수도 있을 테니까."

"부동산투자를 할 때도 엄마가 농사지을 때처럼 하면 돼. 그럼 혹시라도 모를 실패에 대해 그만큼 대비를 하게 되는 셈이라고.

엄마는 정부의 지원 정책의 효과나 온도 변화에 따른 과일 재배에 미치는 영향 등을 일부러 공부한 게 아니잖아. 자연스럽게 관심이 가니까 그렇게 습득하게 된 거지. 다른 농사짓는 분들보다도 더 꼼꼼히 농민신문을 읽고, 뉴스에 나오는 정보를 그냥 흘려듣지 않고 내년 농사짓는 데 반영하기도 하면서 말이야. 농사지어 최대의 수익을 얻기 위해 엄마도 나름대로 열심히 경제 공부를 한 거라고. 그것을 현실에도 적용했고 말이야.

그러니, 나 같은 사람이 무슨 부동산투자를 하겠어,라고 생각할 필요는 없어. 자투리땅에 콩 심고 옥수수를 심듯이 이제까지 엄마가 해왔던 그 방식대로 하면 익숙한 부동산투자자가 되는 데에 많은 도움이 될 거야."

세금 내고 나면 남는 게 있을까?

순분은 문득 세금 문제가 궁금해졌다. 장터에서 들었는지, 지나다 누군가에게 얼결에 들은 건지 알지 못하지만, 부동산투자를 하는 데는 세금이 가장 큰 걸림돌이라는 소리를 들었던 것이다. 딸은 어떻게 생각하는지 궁금했다.

"요즘은 다주택자한테 세금을 많이 물린다고 하는데 너는 어떻게 하고 있니?"

"세금 부분은 정말 복잡해. 수시로 개편안이 나오고 해서 그때마다 공부하는 것도 한계가 있기도 하고. 하지만 중요한 부분은 신문을 통해 늘 숙지하고 있어. 물론 세부적인 문제는 세무사를 통해 의논하지만 말이야.

그런데 일반적으로 사람들은 전문인을 활용하는 것에 인색하고, 상담수수료를 지불하는 것에 대해서도 몹시 아까워하는 경향이 있어. 몇십만 원으로 수백만 원 수천만 원의 감면 혜택을 누릴 수 있는 데도 말이지.

암튼 현명한 투자자는 법제도를 잘 활용해야 돼. 내가 엄마에게 이야기해준 구로동에 위치한 오피스텔 있지? 그 경우에는 내가 세입자를 들이면 주택으로 간주되는 거고, 사업자에게 임대를 놓게 되면 상가로 인정받게 되는 거야. 당연히 사업자에게 임대를 줄 경우 주택 수에 포함이 되지 않아."

"그래서 넌 그 오피스텔을 사업자에게 임대했니?"

"아니. 엄마도 알다시피 난 지금 인터넷 사업을 하고 있잖아. 그래서 그걸 사무실로 사용하고 있어. 그렇게 되면 내가 그 오피스텔을 보유하는 비용과 경비에 대해 세금 혜택을 받을 수 있어."

"넌 사업을 하는 사람이니깐 그렇게 활용할 수 있지만 사업을 하지 않는 사람들이 양도소득세를 줄일 수 있는 방법은 없니?"

"일반 사람들이 여러 주택을 보유하여 임대를 놓는다면 임대주택사업자 등록을 할 수 있어.

예전에는 자신의 주택을 제외한 한 가구를 보유한 후 임대를 놓으면 등록을 할 수 있었는데, 지금은 법이 까다로워져서 자신이 살고 있는 주택을 제외한 다섯 가구 이상을 보유해야 임대주택사업자로 등록할 수 있어.(이 법안도 지역과 시기에 따라 변한다.)

반드시 같은 시ㆍ군에 위치해 있는 주택들이어야 하고, 10년 이상 보유했을 경우여야만 세제 혜택을 볼 수 있어."

순분은 다섯 가구라는 말에 놀란다.

"경매로 집 하나 낙찰받는 것도 시간이 걸리는데, 언제 다섯 가구를 매입해서 사업자 등록을 하나?"

"안 된다고 하면 안 되고, 된다고 하면 되는 거야. 이제 그런 사례 하나를 얘기해줄게.

일곱 가구가 있는 다세대 빌라를 한꺼번에 낙찰받아서 임대주택사업자 등록을 한 분인데, 내가 아시는 분이야. 그리고 합법적으로 세금 혜택을 받기 위해 지인들과 유한회사를 만든 과정도 얘기해줄게."

보라매동에 위치한 일곱 세대 빌라를
6,000만 원에 매입한 사례

> 얻으려고 하는 것이 클수록 그만한 대가는 치러야 한다.   – 부자파로스

안 이사님은 오랫동안 알고 지내는 40대 후반의 지인이다. 쾌활한 성격과 넉넉한 인품 탓에 주위 사람들에게 인기도 많다. 두 딸을 둔 엄마이면서, 직장일도 바쁠 텐데 이런저런 자기계발 공부에도 게을리 하지 않는 참으로 부지런한 분이다.

경매 강좌 수업을 들으면서 인연을 맺게 됐는데, 지금까지 변함없이 지속되고 있다.

그분이 경매 공부 석 달 만에 첫 낙찰받은 물건에 대해 이야기해볼까 한다.

안 이사님의 일과는 굉장히 빠듯하다. 직장에서 일을 마치고 돌아와 아이들을 챙긴 다음 집안일을 끝낸다. 그 후 식구들이 잠들고 나면, 인터넷에 들어가 입찰할 물건을 검색한다.

세무 관련 일을 하면서 저녁에는 경매 강좌를 듣는데, 배우면 배울수록 재미가 난다고 한다. 안 이사님은 그날도 새벽 늦게까지 물건 검색을 했다. 그런데 그날따라 한눈에 들어오는 물건이 딱 있더란다.

중앙3계 2005-43○○○ / 강제 (토지별도/先임차인)						
용 도	다세대	감정기관	○○감정(2006/06/11)	채권자	이○○, 전○○ 김○○, 김○○	
매각방법	일괄	감 정 가	755,000,000원	채무자	권○○	
접수일자	2005/11/23	최 저 가	483,200,000원(64.0%)	소유자	권○○	
유찰/진행	2회/3회	최종결과	낙찰(낙찰일 : 2006/11/14, 낙찰가 : 615,500,000원 (82%))			

사건/항고 내역	• 관련사건내역		
	관련법원	관련사건번호	관련사건구분
	서울중앙지방법원	2007타기○○	인도명령

현황조사서 내역	※부동산현황 1) 제시목록 토지상에 구분등기된 주거용 건물이 존재함. 2) 지하주차장 101호, 102호, 201호, 202호, 301호, 302호, 401호로 각 구분되어 있음. 3) 2회 방문하여 별지와 같이 임대차조사된 부분 외에 폐문부재이고, 방문한 취지 및 연락처를 남겼으나 아무런 연락이 없으므로 주민등록 전입된 세대를 임차인으로 보고함. ※임대차현황 1) 101호는 임차인의 배우자 고○○의 진술 2) 102호는 임차인 이○○의 진술에 의함.

부동산규제	• 주택투기지역(2006/10/27 지정) • 투기과열지구(2002/09/06 지정) • 토지투기지역(2005/06/30 지정)

최종 낙찰받은 물건

소재지/특성면적	감정가 외 기타정보
서울 ○○구 ○○동 ○○○-○○○ 1층 101호(다세대)	

1종일반주거지역
철근콘크리트조, 슬래브(평)
 	
대지 : 25.33/187.00m² (7.81평)
건물내역 :
  – 건물 49.23m²
   (전용 : 14.39평)(방3)
 	
총 4층 중 1층
	총감정평가 : 105,000,000원
	• 토지감정 : 42,000,000원
	• 건물감정 : 63,000,000원
	
	보존등기일 : 2003/04/14

서울 ○○구 ○○동 ○○○ 201호(다세대)	

1종일반주거지역
철근콘크리트조, 슬래브(평)
 	
대지 : 25.33/187.00m² (7.81평)
건물내역 :
  – 건물 49.23m²
   (전용 : 14.39평)(방3)
 	
총 4층 중 2층
	총감정평가 : 105,000,000원
	• 토지감정 : 42,000,000원
	• 건물감정 : 63,000,000원
	
	보존등기일 : 2003/04/14

서울 ○○구 ○○동 ○○○-○○○ 2층 202호(다세대)	

1종일반주거지역
철근콘크리트조, 슬래브(평)
 	
대지 : 25.33/187.00m² (7.81평)
건물내역 :
  – 건물 49.23m²
   (전용 : 14.39평)(방3)
 	
총 4층 중 2층
	총감정평가 : 105,000,000원
	• 토지감정 : 42,000,000원
	• 건물감정 : 63,000,000원
	
	보존등기일 : 2003/04/14

서울 ○○구 ○○동 ○○○-○○○ 3층 301호(다세대)	

1종일반주거지역
철근콘크리트조, 슬래브(평)
 	
대지 : 22.24/187.00m² (6.73평)
건물내역 :
  – 건물 42.38m²
   (전용 : 12.82평)(방2)
 	
총 4층 중 3층
	총감정평가 : 90,000,000원
	• 토지감정 : 36,000,000원
	• 건물감정 : 54,000,000원
	
	보존등기일 : 2003/04/14

서울 ○○구 ○○동 ○○○-○○○ 3층 302호(다세대)	

1종일반주거지역
철근콘크리트조, 슬래브(평)
 	
대지 : 25.04/187.00m² (7.53평)
건물내역 :
  – 건물 47.73m²
   (전용 : 14.44평)(방3)
 	
총 4층 중 3층
	총감정평가 : 100,000,000원
	• 토지감정 : 40,000,000원
	• 건물감정 : 60,000,000원
	
	보존등기일 : 2003/04/14

서울 ○○구 ○○동 ○○○-○○○ 4층 401호(다세대)	

1종일반주거지역
철근콘크리트조, 슬래브(평)
 	
대지 : 37.07/187.00m² (11.21평)
건물내역 :
  – 건물 70.65m²
   (전용 : 21.37평)(방3)
 	
총 4층 중 4층
	총감정평가 : 150,000,000원
	• 토지감정 : 60,000,000원
	• 건물감정 : 90,000,000원
	
	보존등기일 : 2003/04/14

일곱 세대의 빌라가 따로 매각이 되지 않고 한꺼번에 나온 물건이다.

따로 매각되는 것을 '개별경매'라 하고 이렇게 여러 개를 묶어 매각하는 것을 '일괄경매'라고 한다. 감정가는 7억 5,500만 원에서 두 번 유찰되어, 현재는 4억 8,320만 원에 진행되고 있다. 64%대로 떨어져 있지만 그래도 좀 금액이 크다 싶다.

그래서 무심코 넘기려고 하는데, 문득 이렇게 많은 세대가 있는 다가구나 다세대 빌라 한 동은 임차인만 잘 들이면 의외로 많이 돈을 들이지 않고도 매입할 수 있다는 생각이 언뜻 들었다. 그래서 다시 한 번 살펴보았다.

'에구, 이렇게 복잡하니 유찰이 되었지.'

선순위 임차인들도 많고, 토지별도등기도 걸려 있다.

그만 포기하고 다른 물건을 검색하려다가 혹시 모른다 싶어 선순위 임차인들에 대해 분석을 해보기로 했다.

말소기준 권리는, 2005년도 7월 6일에 설정된 가압류였다.

이 가압류가 설정되기 전에 전입신고를 하고 점유를 한 임차인은 모두 7명. 선순위 임차인이 배당을 받지 못한 금액이 있으면 낙찰자가 떠안아야 한다. 그래서 이 임차인들이 배당을 받아갈 수 있는지 확인해보기로 했다.

진행사항	임차내역	등기내역
유찰 2006/09/05 (755,000,000원) 유찰 2006/10/10 (604,000,000원) 낙찰 2006/11/14 (433,200,000원) 　615,500,000원(낙찰율 : 52%) 　안○○ (총입찰 6명) 　낙찰허가(2006/11/21)	※ ○○동 사무소 관할 전입 2003/02/19 8,700만 원 　유○○(302호 전부) 　• 확정 2003/02/19 　• 배당신청요구 2006/01/31 　(임차권) 전입 2003/03/08 7,000만 원 　김○○(301호 전부) 　• 확정 2003/03/08 　• 배당신청요구 2006/01/17 전입 2003/05/07 8,800만 원 　김○○ (202호 전부) 　• 확정 2003/05/07 　• 배당신청요구 2006/01/13 전입 2003/05/12 8,000만 원 　김○○ (101호 전부) 　• 확정 2003/05/12 　• 배당신청요구 2006/03/13 　점유 2003/05/03~ 전입 2003/05/25 5,500만 원 　이○○ (102호 전부) 　• 확정 2003/05/25 　• 배당신청요구 2006/01/13 전입 2003/11/06 8,700만 원 　전○○ (201호 전부) 　• 확정 2003/11/13 　• 배당신청요구 2006/01/19 전입 2003/05/25 5,500만 원 　지○○ (201호 전부) 　(전○○의 남편) ♤ 배당요구종기일 : 2006/06/07	※ 건물등기 (○○○-○○○번지 　101호, 발급 : 2006/08/18) 소유이전 2005/03/22 　전소유자 : 권○○, 조○○, 　　　　　최○○ 매매 가압 2005/07/06 2억 3,945만 원 　○○2,3동(새) 강제 2006/03/10 　이○○, 전○○, 김○○, 김○○ 　청구액 : 103,349,312원 ** 토지별도등기있음 　(토지저당 : 2002.06.10) ▶ ○○○-○○○번지 102호 　(토지저당 : 2002.06.10) ▶ ○○○-○○○번지 201호 　(토지저당 : 2002.06.10) ▶ ○○○-○○○번지 202호 　(토지저당 : 2002.06.10) ▶ ○○○-○○○번지 301호 　(토지저당 : 2002.06.10) ▶ ○○○-○○○번지 302호 　(토지저당 : 2002.06.10) ▶ ○○○-○○○번지 401호 　(토지저당 : 2002.06.10)

　임차인들은 말소기준권리보다 먼저 전입과 점유를 갖춘 대항력 있는 임차인이다. 확정일자가 있고, 또 배당요구를 했다면 우선적으로 매각대금에서 보증금에 대한 배당금을 받아갈 수 있다.

　안 이사님은 확정일자가 있는지 배당요구를 했는지를 각 임차인마다 꼼꼼히 살펴보았다.

'말소기준권리- 2005년 7월 6일 가압류'

모두 7명이 전입신고가 되어 있지만 가장 늦게 전입신고를 한 임차인 201호 지○○ 씨는 201호 전○○의 남편이므로 한 세대로 보면 된다. 가족 구성원은 하나의 전입으로 보기 때문이다. 이렇게 가족 구성원들의 전입일이 다르면, 그 구성원 중에 가장 빠른 전입일로 인정받게 된다.

그래서 6명의 임차인들은 모두 말소기준권리보다 먼저 확정일자를 갖추었으며, 배당요구도 배당요구 종기일 2006년 6월 7일 이전에 했기 때문에 만약 매각대금만 충분하다면 모두 배당을 받아갈 수 있게 된다.

예상순위 배당표

	권리종류	설정일	설정자	배당신청	설정액	배당액	인수액	말소여부	기타
1	법원경비	–	법원		–	6,256,058원	–	–	
2	임차권 (주택점유)	2003/02/20	유○○		87,000,000원	87,000,000원	0원	말소	선순위 대항력 전입 : 2003/02/19 확정 : 2003/02/19
3	임차인 (주택점유)	2003/03/09	김○○		70,000,000원	70,000,000원	0원	말소	선순위 대항력 전입 : 2003/03/08 확정 : 2003/03/08
4	임차권 (주택점유)	2003/05/08	김○○		88,000,000원	88,000,000원	0원	말소	선순위 대항력 전입 : 2003/05/07 확정 : 2003/05/07
5	임차인 (주택점유)	2003/05/13	김○○		80,000,000원	80,000,000원	0원	말소	선순위 대항력 전입 : 2003/05/12 확정 : 2003/05/12
6	임차권 (주택점유)	2003/05/29	이○○		85,000,000원	85,000,000원	0원	말소	선순위 대항력 전입 : 2003/05/28 확정 : 2003/05/28
7	임차인 (주택점유)	2003/11/13	전○○		87,000,000원	87,000,000원	0원	말소	선순위 대항력 전입 : 2003/11/06 확정 : 2003/11/13
8	소유이전	2005/03/22	전소유자 : 권○○ 조○○ 최○○		0원	0원	0원	말소	
9	가압류	2005/07/06	○○2,3 동(새)		239,449.760원	112,2243,942원	0원	말소	말소기준권리
10	강제	2006/03/10	이○○ 전○○ 김○○ 김○○		0원	0원	0원		경매신청채권자

※ 권리분석에서 제외된 등기/임차인(채권자/권리부분/등기일)

매각대금을 최저 가격으로 보고 계산한 배당표를 보니 임차인이 못 받아가는 보증금은 없었다. (처음에는 누구나 이렇게 생각했고 주위 사람들도 다들 이렇게 믿었다.)

이 물건은 임차인들이 경매신청을 한 것이다. 원래는 전세권을 설정한 임차인을 제외한 임차인들에게는 경매신청 권한이 없다.

우리가 알고 있는 (근)저당권이나 담보가등기권자는 바로 경매를 신청할 수 있는 권한이 있어 이런 권리자에 의해 진행되는 경매를 임의경매라고 한다.

그런데 임차인들이나 가압류권자처럼 경매신청권한이 없는 권리자가 경매신청을 하려면 따로 판결을 받아야만 할 수 있다. 그러므로 이것을 강제경매라고 한다. 임의경매나 강제경매는 진행절차상에는 큰 차이가 없다.

가장 먼저 전입신고를 한 302호 유○○ 씨는 임차권자라고 나와 있었다.

임차권등기권자란, 임차인이 임대차계약기간이 만료되었음에도 임대인이 보증금을 돌려주지 않으면 자신의 전입과 점유의 효력을 유지하기 위해 등기부에 임차권을 설정해놓는 것을 말한다.

이렇게 등기부상에 임차권등기를 해놓은 임차인은 이사를 가도 그

대로 해당 부동산에 이전 전입과 점유의 효력을 가진다.

그런데 문제는 토지별도등기였다. 아직은 토지별도등기가 생소한 안 이사님은 토지별도등기에 대해 책을 펼쳐 들었다.

토지별도등기는 건물을 짓기 전에 토지에만 설정된 저당권이나 가압류 등이 있으면 '토지별도등기있음' 하고 표시를 하는 것이다.

이전에는 토지별도등기가 있는 물건은 많이 유찰되곤 했다. 왜냐하면 토지상에 걸려 있는 권리들은 말소되지 않고 모두 인수를 해야 하기 때문이다.

요즘은 토지에 설정된 권리의 채권자들에게 채권신고를 하게 한 후 배당을 해주고, 그 권리를 말소시키는 경우가 많다. 하지만 채권자가 신고를 하지 않았다면 다음 두 가지 경우이다.

첫째, 낙찰자에게 권리를 인수시키겠다는 것이며,

둘째, 실체가 없는 권리가 남아 있는데 아직 토지등기부등본의 말소 촉탁이 되지 않은 상태로 남아 있는 경우이다.

만약 채권자의 채권 신고가 없어도 인수되는 금액이 소액인 경우와 실체가 없는 토지별도등기인 경우는 좋은 투자의 기회가 되기도 한다. 그래서 남들이 보지 않는 부분까지 꼼꼼하게 짚어보는 것이 좋다.

안 이사님은 우선 토지등기부등본을 열람했다.

```
** 토지별도등기있음
   (토지저당 : 2002/06/10)

▶ ○○○-○○○번지 102호
   (토지저당 : 2002/06/10)

▶ ○○○-○○○번지 201호
   (토지저당 : 2002/06/10)

▶ ○○○-○○○번지 202호
   (토지저당 : 2002/06/10)

▶ ○○○-○○○번지 301호
   (토지저당 : 2002/06/10)

▶ ○○○-○○○번지 302호
   (토지저당 : 2002/06/10)

▶ ○○○-○○○번지 401호
   (토지저당 : 2002/06/10)
```

이렇게 각 호수별로 토지저당이 잡혀 있었다. 그런데 토지별도등기
권자가 채권신고를 하고 배당요구를 했는지 알 수가 없었다.

안 이사님은 할 수 없이 다음 날 오전에 해당 경매계로 전화를 걸어
문의를 해보았다. 다행히 토지별도등기권자가 채권신고를 했다는 것
이다. 권리적으로 문제가 없으니 이젠 해당 부동산이 괜찮다면 입찰을
해보아야겠다는 생각이 들었다.

해당 부동산은 신림역에서 20여 분 떨어진 다소 경사가 높은 곳에
위치하고 있었다. 하지만 건물이 마음에 들었다.

부동산 사무실로 가 조사를 하니 지금 살고 있는 임차인들과 합의를

잘 봐서 잔금 치르기 전에 세입자를 받을 수 있다면 대출을 받지 않아도 될 것 같다.

부동산 중개인이 말한 전세금이라면 한 5천만 원 정도의 추가 비용만 있으면 될 것 같았다.

하지만 그건 일이 잘 풀릴 경우이다. 그래서 뜻대로 되지 않았을 경우 대출받을 수 있는 금액과 잔금을 치르기 위한 비용도 대비해두고 입찰을 하기로 했다.

입찰 당일 날이 되었다. 그런데 막상 입찰을 하려고 하니 첫 입찰이라 안 이사님 가슴이 떨린다. 혹시 내가 잘못된 투자를 하는 건 아닐까 두려움이 몰려온다. 첫 입찰치고 금액이 너무 큰 걸 하나 싶은 생각도 든다.

그렇게 고민을 하다 결국 입찰을 하기로 마음을 먹고 법원으로 향했다. 6명 입찰. 6억을 조금 넘게 쓰고 낙찰받았다.

하지만 낙찰받고 우여곡절이 많았다.

잔금을 치르기 전에 임차인을 구해줄 거라던 중개인은 한동안 연락이 없었고, 모두 배당받아 갈 거라고 생각했는데 302호의 임차인이 대략 1,300만 원의 돈을 배당받지 못한 것이다.

아마 이런 경우가 많이 있지 않아서 정보지나 문의해본 사람들도 토지별도등기권자가 채권신고를 하면 된다는 정도만 말해준 것일 게다.

자세히 보면 이 토지별도등기는 건물이 세워진 토지 전체에 하나로 설정된 것이 아니라 이미 각 호수의 지분별로 각각 등기가 되어 있었던 것이다.

그래서 토지별도등기권자가 배당받아가는 금액이 많았던 만큼 302호는 그만큼의 금액만큼 받을 수 없게 되었고, 그래서 그 보증금액을 안 이사님이 떠안게 되었다는 것을 나중에 배당기일 3일 전 배당표가 나왔을 때 알게 된 것이다.

하지만 안 이사님은 덕분에 토지별도등기 박사가 다 되었다. 그렇게 임차인들을 내보내고, 수리할 곳은 수리하여 새로 임차인들을 들였다. 그래서 총 들어간 금액이 302호의 보증금액 1,300만 원을 포함한 6,000여만 원의 금액이 소요되었다. 이 물건 하나를 처리하는 데 길고 힘든 시간을 보냈다.

하지만 6억 1,550만 원에 받은 것이 지금은 10억 원이 넘는다. 6,000여만 원을 투자하고 이만한 수익이면 꽤 괜찮은 셈이다.

그런데 문제는 양도세나 보유세 등이었다. 그래서 안 이사님은 지금 당장은 일을 할 수 있으므로 10년 동안 임대를 놓기로 하고 임대주택사업자 등록을 했다. 6,000여만 원 투자로 노후 대비를 한 셈인 것이다.

'토지별도등기'에 대한 정리

토지별도등기는 토지소유자가 건물을 건축하기 전인 나대지 상태에서 토지에 저당을 설정하고 변제하지 않은 경우나 어떤 채권자가 해당 토지에 가압류등기를 설정한 경우, 또는 경매로 매각될 경우에 '토지별도등기있음'이라고 나온다.

이렇게 토지에 따로 설정된 근저당이나 가압류는 매각이 될 경우 낙찰자가 인수해야 하므로 유의해야 한다. 그래서 '토지별도등기있음'이라고 나올 경우 반드시 토지등기부등본을 열람하여 얼마만큼의 금액이 설정되었는지 확인해 보아야 한다.

'토지별도등기있음'이라고 나오는 부동산이 매각될 때는 다음 세 가지 경우가 생긴다.

첫째, 토지에 설정된 권리를 인수해야 하는 경우이다. 입찰자는 인수할 금액을 감안하여 입찰가를 써야 할 것이다.

둘째, 토지에 설정된 권리의 채권 금액이 모두 변제되었는데도 말소를 하지 않은 상태로 남아 있는 경우가 있다. 채무자가 이미 토지에 설정된 저당권 설정금액을 모두 변제하였는데 말소등기를 미처 하지 않왔기 때문이다. 의외로 종종 보게 된다. 이럴 땐 낙찰자가 인수해야 할 채권금액은 없는 것이다.

셋째, 토지에 별도로 설정된 등기권자가 채권신고를 하고 매각대금에서 배당을 받아 가는 경우는 낙찰자가 따로 인수해야 할 금액은 없다. 그래서 토지별도등기가 있을 경우 토지별도등기권자의 채권신고 유무를 따져 보아야 할 것이다.

부동산투자를 위해 지인들과 유한회사를 만들다

> 돈이 돈을 만드는 것이 아니라, 사고가 돈을 만들며 사람이 돈을 벌게 해 준다.
>
> – 부자파로스

일곱 명의 지인들이 모였다. 매달 한 번씩 모임을 가지며 관계를 돈독히 해오던 분들이다. 연령대도 다르고 하는 일도 다른 사람들이 몇 년 동안 친분을 유지하기 힘든데, 모두 좋으신 분들이라 늘 만남이 즐거웠다.

사업 이야기도 하고 경제 돌아가는 이야기도 하며 부동산시장에 대한 정보도 주고받았다. 처음에는 경매투자를 공동으로 하기 위해 만났지만 모두들 서두르지는 않았다. 서둘러 경매로 물건을 받고 수익을 내는 모임으로만 초점이 맞추어졌다면 아마 관계가 가까워지고 서로에 대해 이해할 수 있는 기회도 없었을 것이다.

크리스마스 날에는 모두 모여 서해안에 가 회도 먹고 차를 마시며 즐거운 시간도 보냈다.

처음 이 팀의 멤버로 와 달라는 제안을 받았을 때는 많이 망설였다.

공동투자, 다시는 하고 싶지 않았다.

처음에는 의기투합하여 잘해보자 하던 마음이, 투자를 하면서 생각지도 않은 복병이 생겨나게 되고, 그러다 보면 서로에 대해 얼굴을 붉히게 되는 걸 경험해서였다.

부동산 가격은 출렁거린다. 거래가 되지 않아 시장이 얼어붙다가도 좀 시간이 지나면 다시 가격이 급등해버리는 것이 부동산이다. 수익이 날 것 같아 경매로 낙찰을 받았는데, 낙찰받고 명도의 시간이 길어지면 추가 비용도 나가고 수고도 더 많이 하게 된다.

혼자 투자를 했을 경우는 '이건 전적으로 나의 책임이니 풀어가야 한다.'는 마음이 생기지만 여럿이 모여 하게 되는 경우에는 남을 탓하기가 쉬워진다.

시장이 싸늘하면 가격이 더 떨어질까 봐 걱정이 되어 당장 매도하자고 조바심을 내기도 하고, 가격이 오를 것이니 기다리자 말을 해놓은 사람도 가슴 한쪽이 불편하기는 마찬가지다. 혹시 가격이 오르지 않는다면 그 사람의 책임인 것 같으니 말이다.

서로의 의견이 맞지 않아 어렵게 매도를 하고 나면, 가격이 급등해 버려 매도를 하자고 한 사람이 비난의 대상이 되기도 한다.

그래서 공동투자를 오래도록 잘하기란 몹시 어려운 것이다. 이미 예전에 다른 사람들과의 모임을 통해 절실히 느꼈었다.

그래서 지금의 팀 멤버로 들어와 달라는 제안에 한동안 망설였던 것이 사실이다. 하지만 사람들이 좋았고 이전과는 달리 공동투자도 해보고 싶은 마음이 생겼다. 예전의 투자 모임에서 나 또한 미흡한 것이 많았고, 잘못한 부분도 없지 않아 있었다.

사람들을 믿는 마음이 있어야 하는데, 내가 그러질 못했던 것이다. 아마 나도 이익만을 따지면서 표면적으로 서로 친근한 사람인 듯이 행동했던 부분도 있었을 것이다. 그것이 투자 모임의 와해에 가장 결정적 문제점이었을 것이라…….

매달 모임을 가지며 2년 정도를 보냈다. 서로에 대해 알아가는 시간도 충분했으니 이제는 투자를 해보아야겠다는 마음들이 모아졌다. 그런데 공동투자를 하기에 명의를 쓰는 것이 문제였다. 대부분의 사람은 보유한 부동산들이 있었기에 누구의 이름으로 입찰을 하느냐가 문제가 되는 것이다. 그리고 세금 부분도 걸렸다.

그래서 생각한 것이 투자 법인을 세우는 것이었다. 법인을 세우게 되면 합법적으로 부동산투자를 할 수 있으며, 세제 혜택도 볼 수 있었다. 개인이 부동산투자를 하는 것과 사업체가 부동산투자를 하는 것과는 많이 다르다.

개인이 부동산투자를 할 때 쓰게 되는 경비 등에 대해서는 비용 처리를 할 수 없지만 법인은 경비 처리도 가능하다.

소규모 개인들이 모여 부동산투자를 하기엔 유한회사가 가장 적합하다는 이야기를 들었다.

유한회사!

들어는 본 것 같은데 생소하기 짝이 없었다. 그래서 모두들 이 유한회사를 어떻게 설립할 수 있는지 알아보기 시작했다.

멤버들 중 세무 관련 일을 보시는 안 이사님이 알고 계신 분들을 통해 우리나라에서 유한회사 설립 일을 대행해주는 몇 안 되는 법무법인을 알게 되었다.

그렇게 알아낸 법무법인을 통해 유한회사를 설립했다.

유한회사는 이렇다.

1. 소수의 사람들이 주주가 되어 설립하는 회사

2. 성격은 법인과 같음

3. 법인은 설립 자본금이 최소 5,000만 원 이상인데 반해 유한회사는 첫 자본금이 1,000만 원 이상이면 설립할 수 있음

이렇게 우린 유한회사 설립을 해주는 국내에서 몇 안 되는 법무사를 통하여 유한회사를 설립할 수 있었다.

개인이 부동산을 보유하는 것이 아니라 사업체가 부동산을 보유할 수 있게 되었고, 그로 인해 발생하는 경비나 다른 부분 많은 세금 혜택을 누릴 수 있었다.

소수의 사람들이 정관이나 회칙 등이 없이 투자를 하는 것보다 더 전문성을 띠었고, 참여하는 사람들의 태도도 달라졌다.

각자의 팀 멤버들은 현재 본인이 하고 있는 일을 그만둬도 죽을 때까지 할 수 있는 직장을 스스로 만들었다고 생각하고 있다. 즉 노후 대비를 위한 하나의 직장이 생긴 것이다.

그렇게 유한회사를 설립하고 경매로 낙찰받은 두 개의 오피스텔을 소개해 보고자 한다.

헛매물

인천의 소형 주택이 뜨고 있었다. 다른 지역의 부동산 가격이 한풀 꺾이고 있는 중에도 인천의 소형 주택 가격은 계속 올랐다. 그리고 서구 지역에 지정된 '가정 뉴타운'의 이주가 곧 시작되면 인근 지역의 가격이 또 급등할 것이었다.

이것은 가정 뉴타운의 기사가 났을 때 관리처분 시기와 이주 시기를 미리 체크를 해두었고, 이 지역 부동산시장 조사를 갔을 때 부동산 중개인으로부터 얻은 정보가 있었기 때문에 이렇게 생각을 했던 것이다.

이런 점을 고려하며 물건 검색을 하고 있는데, 서구 심곡동에 위치한 오피스텔 건물이 눈에 들어왔다.

총 27개의 오피스텔이 경매로 나온 것이다.

팀 멤버들 중 조 고문님과 함께 임장에 나섰다. 조 고문님은 자수성가한 사업가이다. 불경기로 모두들 좋지 않다고 하는 상황에서도 고문님의 사업은 번창했다. 사업에 대한 자신만의 철학을 지키며 늘 솔선수범하는 성실한 사장의 모습을 직원에게 보여주었기 때문일 것이다.

또 중년 여성을 타깃으로 하는 기성복 틈새시장을 일찌감치 개척한 부분이 많이 작용했을 것이다.

고문님은 겸손하신 분이다. 아랫사람에게도 늘 정중한 태도를 보인다. 그런 분과 임장을 가면서 이런저런 나누는 대화는 몹시 다양하고 재밌었다. 모두가 어린 나에게 피가 되고 살이 되는 좋은 이야기들이었다.

이렇듯이 나는 멤버들을 통해 경매라는 부동산투자뿐만 아니라 여러 가지 부분에서 듣고 배우는 것들이 많다.

우리는 인천에 도착한 후 해당 건물을 보러갔다. 단독 투자를 할 때는 임장을 가서 제일 먼저 주민자치센터를 방문하였는데, 이번에는 건물을 먼저 보았다.

이유는 이 물건이 내 마음에 든다고 해도 다른 사람의 마음에는 들지 않을 수도 있기 때문이다. 그런데다가 27개의 오피스텔 전입세대 열람을 하려면 시간이 오래 걸릴 것이었다. 그래서 먼저 건물을 보고 괜찮다고 판단이 서면 그때 주민자치센터를 가기로 한 것이다.

오피스텔을 정면에서 바라보니 괜찮았다.

"수진아, 봐봐. 여기 주변에 오피스텔 건물이 하나도 보이지 않지. 이렇게 젊은 사람들이 많이 몰려 사는 지역에 이 오피스텔 건물이 하나밖에 보이지 않는다는 게 마음에 드는걸."

하고 고문님이 말씀하신다. 역시 나의 두 눈으로만 보는 것과 차이가 있었다. 나는 생각도 해보지 못했기 때문이다.

차를 주차하기 위해 주차장으로 들어섰다. 그런데 오피스텔 관리가 잘되고 있지 않아서인지 천장에서 물이 새고 있었고, 바닥도 지저분하고 조명도 밝지 않아 다소 어둑한 분위기였다.

차에서 내려 굳은 표정으로 물이 새는 곳을 바라보고 있자니 고문님이 말씀하신다.

"수진아, 지금 너 저 물 새는 것 때문에 그러지?"

"네……."

"이 물 새는 거 자세히 잘 봐봐. 건물 벽에서 새는 것이 아니라 플라스틱 파이프에서 새는 거야. 이런 건 금방 고칠 수 있어."

주차장을 보고 괜히 서울에서 이 먼 거리를 고문님을 오게 만들었나 싫어 기분이 좋지 않았는데 나와는 달리 고문님은 낙관적이었던 것이다.

"그래도 주차장이 너무 어두워요. 형광등도 꺼져 있는 게 많고요."

하고 말하니, 조 고문님이 이번에도 명쾌한 설명을 해주신다.

"이 형광등? 이거 고장 난 거 아냐. 아마 전기료 아낀다고 일부러 반은 끄고 반만 켜놓은 것 같아."

조 고문님의 설명을 듣고 나니 정말 형광등이 켜져 있는 부분과 꺼져 있는 부분이 한결같이 똑같다는 걸 알 수 있었다.

엘리베이터를 타고 1층에 내려 보니 그곳은 상가로 이루어져 있었다. 오피스텔 건물 안에는 보통 그곳만 전담하는 부동산 중개소가 있기 마련이다. 이곳 오피스텔에도 부동산 중개 사무실이 있었다.

건물 내부를 보고 난 다음에 들르기로 하고 8층을 눌렀다.

8층에 내려 보니 건물 중앙이 뚫려 있는 곳으로 햇빛이 들어오고 있었다. 주차장 분위기와 달리 건물은 잘 지어진 듯했다.

그런데 건물 중앙에 큰 공간이 있으니 사람이 떨어지는 것을 방지하기 위함인지 그물이 쳐져 있었다. 아래를 내려다 보니 4층과 8층에 이렇게 두 개의 그물을 쳐놓은 것이다. 그곳에 쓰레기들이 잔뜩 쌓여 있어 보기가 흉했다. 그것으로 인해 오피스텔 건물 전체의 분위기가 버려진 건물 같은 느낌을 들게 했다.

건물 내부를 보기 위해 엘리베이터 바로 옆에 있는 호수의 벨을 눌렸다. 젊은 여자의 목소리가 들렸다.

"누구세요?"

"네, 여기 오피스텔을 사려고 하는데요, 집 안 내부 좀 볼 수 있을
까요?"

일반매매든 경매든 집을 사는 행위는 같다. 집 안을 보고자 할 때 나
는 이렇게 말하곤 한다. 아가씨는 선뜻 문을 열어주었다.

"실례합니다."

하고 공손히 들어가 내부 안을 보았다. 아가씨와 함께 남자 분이 안
에 있었다. 그분에게도 인사를 드리고 여기 오피스텔을 사려고 하는데
알아두어야 할 것은 없는지 물었다. 남자는 자세히 설명을 해주었다.

1. 전철역이 많이 떨어져 있어 버스를 타는 것이 불편하다. 그래도
   임대가 싸서 이쪽으로 사람들이 많이 이사를 온다.
2. 오피스텔은 바로바로 임대가 나간다.
3. 보증금액에 대해선 밝히지 않았지만 월세는 50만 원이다.
4. 살기는 괜찮은 편인데, 밤에 유흥가에서 나오는 소음으로 좀 시
   끄럽다는 이야기를 해주었다.

화장실 내부와 복개층으로 되어 있어 위층까지 다 보고 나왔다. 고

문님께 어떻게 보셨느냐고 물으니,

"저렇게 쓰레기가 쌓여 있어서 안 좋게 생각했는데, 경매로 매각되고 있는 오피스텔이 많아서 관리가 잘되지 않아서 그런 것 같아. 하지만 내부를 보니 괜찮다는 생각이 드네. 임대도 잘 나갈 것 같고……."

우리는 부동산 중개소에 들러 더 자세한 이야기를 들어보기로 했다. 사무실에 들어서니 남자 사장님 한 분만 계셨다. (훗날 낙찰받고 이분이 애를 많이 썼다.)

다른 때와는 달리 사실대로 경매입찰을 하러 왔으니 도움의 말씀을 주셨으면 한다고 했더니 사장님은 친절하게 설명을 해주셨다.

1. 이곳 오피스텔은 사이즈가 약간 다른데 건물 28.5제곱미터(전용 9평)는 6,000만 원 정도에 팔려고 내놓은 매물이 있고, 그것보다 사이즈가 더 큰 건물 35.1제곱미터(전용 10평)는 7,500만 원에 내놓았다고 한다.

2. 남향에 위치하고 있는 것과 북향에 위치하고 있는 것과도 가격 차이가 있는데, 북향에 위치하고 있는 것은 500만 원 더 싸다. 법원 감정으로 비교한다면, 북향 전용 9평 정도는 5,900만 원인데 현 시세의 급매가는 5,500만 원인 것이다. 법원의 감정가는 분양가를 그대로 적어놓은 것이다.

3. 임대는 나오자마자 바로 나간다. 경매로 낙찰받으면 임대를 놓는

것은 걱정하지 않아도 된다.

4. 보통 월세는 보증금 500만 원에 35만 원 정도 한다. 이땐 사이즈
   와는 상관이 없다.

5. 지금 그물이 청소가 안 된 건 경매 때문에 관리하던 업체가 그만
   둬서 그런 것이다. 경매 매각이 다 완료되고 나면 부동산 사무실
   에서 관리비를 받고 관리를 담당할 생각이다.

사장님 덕분에 정말 중요한 정보를 많이 얻었다. 오피스텔의 수익은
임대 수익률로 본다. 그런데 오피스텔의 사이즈가 달라도 임대 가격이
같다면 굳이 큰 사이즈를 비싼 값에 매입할 필요가 없었다. 그래서 마
음속으로 작은 사이즈만 공략해야겠다는 생각을 하고 건물 밖으로 나
왔다.

상권과 도로 현황을 둘러보았다. 사람이 살기엔 좋은 지역인 듯했
다. 하지만 오피스텔 건물에 있는 중개인의 말만 들어서는 안 되겠기
에 다른 부동산을 들르기로 했다.

부동산 사무실을 찾아 두리번거리는데 한 부동산이 눈에 띄었다.

그런데 방금 조사했던 그 건물의 한 곳에서 급매로 내놓은 물건이
있었다. 광고지를 보니, 가격은 5,000만 원이었다. 사무실 안으로 들어
가 직원에게 급매로 나온 물건을 보고 싶다고 했다.

그런데 직원이 머뭇거린다.

"사람들이 관심을 갖는 건 좋은데, 자꾸 소유자에게 연락하는 게 좀 그러네요. 귀찮아하기도 하고요."

우리도 그런 사람들 중 한 사람이기에 시세 조사만 하고 일어섰다. 내용은 오피스텔 건물 안에 있는 중개인의 말과 같았다.

사무실로 나와 고문님과 전입세대 열람을 하고 나서 집으로 돌아왔다.

마음이 착잡했다. 감정이 5,900만 원에서 한 번 유찰(인천은 한 번 유찰이 30%로 저감된다.)되어 4,130만 원인데 입찰가를 어떤 기준으로 써야 할지 난감했던 것이다.

낙찰을 받으려면 5,000만 원 이상은 써야 할 것 같은데 급매 가격을 생각하니 가격 결정이 쉽지 않았던 것이다.

다음 날 일어나자마자 두 번째 방문했던 부동산 중개소로 전화를 넣었다. 그 사무실의 사장님이 전화를 받았다. 급매로 나온 물건이 나갔느냐고 물었다. 사장님은 선뜻 나갔다고 대답했다.

'그렇다면 시세를 5,500만 원으로 볼 것이 아니라 5,000만 원으로 봐야 하나?' 하는 생각에 머리가 복잡해졌다.

며칠이 지났다. 아직 입찰일까지는 일주일이 더 남아 있었다. 법원에 매각물건명세서는 경매일 일주일 전부터 비치된다. 임장 갔을 때 보지 못했던 매각물건명세서를 보기 위해 법원으로 간 김에 다시 한 번 현장으로 갔다. 건물과 주차장도 다시 보고 주변 환경도 꼼꼼히 살폈다.

마지막으로 다시 한 번 급매물 광고지가 걸려 있던 그 부동산 중개소로 갔다. 그런데 여전히 그 광고지가 걸려 있는 것이다.

사무실로 들어가 전에 보았던 직원에게 물었다.

"제가 전에 왔을 때 보았던 저 급매물 다음 날에 나갔다고 하던데 아직도 있네요."

하니 직원이 멋쩍게 웃는다.

"아, 사장님이 다른 물건 나간 걸 잘못 아시고 그렇게 말씀하셨나 봐요."

이 말에 오기가 났다.

"저 급매물 마음에 들면 당장 계약금 걸고 갈 테니 주인에게 연락 좀 해주세요."

하고 말했다. 하지만 직원은 주인에게 연락을 하지 않는다. 대신 그 물건을 구입하는 것이 좋지 않은 이유에 대해서만 말했다.

그제야 느낌이 왔다.

아, '헛매물'이구나.

당장 계약금을 걸겠다는데도 집을 보여주지 않는 점이 의심스러웠다. 27개의 오피스텔이 경매 진행 중이고 임대가 잘 나가는 물건이므로 아마 다른 입찰자가 금액을 적게 쓰도록 유도하기 위해 거짓으로 급매물 광고를 걸어놓았을 가능성이 높았다.

과열된 경매시장에서 단독 입찰

　　　　　　　　다른 멤버들도 그곳을 다녀오고 난 뒤 입찰을 하기로 최종적으로 결정을 했다.

　우선 13개의 오피스텔을 골랐고 인천 지역에 대한 확신을 갖지 못한 분이 몇 분 있었기에 가격은 모두 소극적으로 입찰 금액을 쓰기로 했다. 무리해서 낙찰을 받을 필요가 없었기 때문이다.

　여기서 법인이나 유한회사가 입찰할 경우 유의해야 할 사항이 있다.

1. 법인의 대표가 입찰을 하더라도 법인 등기부등본을 함께 입찰 봉투에 넣어야 한다.
2. 법인에 대해서 대출해주는 금융기관이 많지 않으므로, 대출을 받을 계획이라면 대출을 해줄 곳을 미리 알아보고 입찰하는 것이 좋다.
3. 법인이 대출을 받을 경우 대출이자가 조금 높으며 중도상환수수료가 붙는다.
4. 대출을 받을 때 대표자 이외의 보증인이 있어야 한다.

미리 대출을 해줄 금융기관을 알아보았다. 그래도 복병이 생길 수 있으므로 13개의 오피스텔을 모두 낙찰받게 되었을 때 대출받지 못했을 경우를 대비하여 각자가 내야 하는 금액과 하나의 오피스텔을 낙찰받았을 경우 대출이자를 뺀 수익률이 얼마나 되는지도 계산을 해보았다.

투자한 금액 대비 8~10% 정도의 임대수익이 난다는 계산이 나왔다. 13개의 입찰표를 당일에 쓸 수 없었으므로 미리 여러 명이 모여 쓰고 난 뒤 두세 번 재확인을 했다.

입찰일.

인천 경매 법원은 늘 사람들로 만원이었는데 그날따라 왠지 모르게 썰렁했다. 사람들이 거의 없었다. 오피스텔이 한꺼번에 나온 것만 빼고 진행되는 물건 수가 별로 없었기 때문이었는지 입찰하러 온 사람들도 별로 보이지 않았다.

팀 멤버들과 나는 혹 우리가 그 오피스텔에 대해 간과한 것이 있는 게 아닌가 하는 생각이 들어 염려가 되었다.

더군다나 막내였던 내가 이 물건에 입찰을 하자고 추천을 했기 때문에 심적 부담감은 더 심했다.

'정말 괜찮은 물건이라 사람들이 한 오피스텔마다 스무 명 정도 경쟁이 있을 거라고 생각했는데…… 뭔가 잘못된 거야. 그게 뭐지?'

모두들 얼굴이 굳어졌다. 어처구니가 없었다. 우리의 결정은 가격을 더 낮추자는 쪽으로 기울어졌다.

입찰일 당일에 입찰표에 쓴 가격을 고치는 경우는 그때가 처음이었다. 그렇게 가격을 낮추어 적고 입찰 봉투를 제출했다.

드디어 입찰표 개봉이 시작되었다. 이 오피스텔의 첫 물건 번호 1번은 상가에 유치권이 걸려 있어 아무도 입찰하는 이가 없었다.

드디어 오피스텔 첫 물건인 물건번호 2번 차례가 되었다. 407호였는데 우리가 단독 입찰로 낙찰을 받게 되었다. 멤버들의 얼굴이 더 굳어졌다. 남들이 꺼려하는 물건을 우리가 받은 것 같은 느낌이 들어서였을 것이다. 나조차 가슴이 답답해졌다.

'도대체 난 무엇을 본 것일까? 현장 조사를 나름대로 꼼꼼히 했다고 생각했는데……. 인천 부동산시장에 내가 알지 못하는 악재가 발생했나? 오늘따라 왜 이렇게 한산하지?'

이때부터 입찰하기로 했던 것에 대해 후회감이 밀려왔다. 두 번째 물건인 409호도 우리가 받았다. 세 명 입찰에 차순위보다 4백여 만 원을 더 쓰고 받은 것이다. 시간이 흐를수록 기분이 참혹했다.

그러나 그다음부터는 모두 줄줄이 낙방이었다. 한 남자가 총 15개의 오피스텔을 낙찰받아 간 것이다.

처음 수정하지 않았다면 모두 5개의 오피스텔을 받을 수 있었을 텐데 그렇게 받았다 하더라도 기분이 좋지는 않았을 것이다.

두 개라도 받은 것을 다행이라고 생각을 해야 하는 건지, 아니면 두 개라도 받은 것이 잘못된 것인지……, 생각을 어떻게 해야 할지 마음이 혼란스러웠다.

경매투자를 하면서 입찰을 하게 된 것에 가장 후회스러웠던 순간이었을 것이다.

무엇보다 407호를 단독으로 낙찰받았다는 것이 자꾸 마음에 걸렸다. 아마 다른 멤버들의 마음도 나처럼 혼란스러웠을 것이다.

하지만 명도를 끝내고 임대가 나갔을 때 이 혼란스런 마음은 깨끗이 날아갔다. 내가 기본을 지키고 최선을 다했다면 나 자신에 대한 믿음 또한 잃지 말아야 한다는 큰 교훈을 얻었다. 그리고 그날만 한산했을 뿐 입찰 물건이 많았던 이틀 후에는 인파로 복도에까지 가득 찰 정도였다.

다음은 27개의 오피스텔 중 두 개의 오피스텔을 유한회사의 이름으로 낙찰받은 자료다.

인천2계 2007-53○○○ / 임의					
용 도	오피스텔	감정기관	○○감정(2006/09/14)	채권자	농협중앙회 ○○여신관리
매각방법	개별	감 정 가	59,000,000원	채무자	김○○
접수일자	2007/09/03	최 저 가	41,300,000원 (70.0%)	소유자	김○○ 외 2
유찰/진행	1회/2회	최종결과	낙찰(낙찰일 : 2008/06/30, 낙찰가 : 46,211,000원(78%))		

2) 인천 ○○구 ○○동 ○○○-○○ 가나다빌 4층 407호(오피스텔)

| 일반상업지역
지구단위계획구역, 지구단위계획구역
철근콘크리트조, 철근콘크리트

• 서구청 남측 인근
• 각종 관공서 및 근린시설, 위락시설 형성
• 버스정류장 인근
• 버스정류장 인근
• 가스보일러 개별난방
• 남측 20m도로 접함
• 도시계획시설도로 접함
• 건폐율 60% 이하, 용적률 500% 이하
• 층수 15층 이하 | 대지 : 7.77/974.70m²(2.35평)
건물내역 :
 – 건물 28.5m²(전용 : 8.62평)

총 10층 중 4층 | 토지이용계획
총감정평가 : 59,000,000원
• 토지감정 : 17,700,000원
• 건물감정 : 41,300,000원

보존등기일 : 2003/04/25
배당종기일 : 2008/03/17 |

진행사항	임차내역	등기내역

유찰 2008/05/29 (59,000,000원)
낙찰 2008/06/30 (41,300,000원)
  46,211,000원 (낙찰율 : 78%)
  대경○○○ (총입찰 1명)
  낙찰허가(2008/07/07)
	※ ○○동 사무소 관할
	  (조사된 임차내역 없음)
	
	⚓ 배당요구종기일 : 2008/05/09
		※ 집합건물등기
		저당 2003/04/25
		  선순위저당
		• 청구액 : 1,454,379,865원

인천2계 2007-53○○○ / 임의					
용　도	오피스텔	감정기관	○○감정(2006/09/14)	채권자	농협중앙회 ○○여신관리
매각방법	개별	감 정 가	59,000,000원	채무자	김○○
접수일자	2007/09/03	최 저 가	41,300,000원 (70.0%)	소유자	김○○ 외 2
유찰/진행	1회/2회	최종결과	낙찰(낙찰일 : 2008/06/30, 낙찰가 : 53,110,000원(90%))		

3) 인천 ○○구 ○○동 ○○○-○○ 가나다빌 4층 409호(오피스텔)

| 일반상업지역
지구단위계획구역, 지구단위계획구역
철근콘크리트조, 철근콘크리트

• 서구청 남측 인근
• 각종 관공서 및 근린시설, 위락시설 형성
• 버스정류장 인근
• 버스정류장 인근
• 가스보일러 개별난방
• 남측 20m도로 접함
• 도시계획시설도로 접함
• 건폐율 60% 이하, 용적률 500% 이하
• 층수 15층 이하 | 대지 : 7.77/974.70m²(2.35평)
건물내역 :
 – 건물 28.5m²(전용 : 8.62평)

총 10층 중 4층 | 토지이용계획
총감정평가 : 59,000,000원
• 토지감정 : 17,700,000원
• 건물감정 : 41,300,000원

보존등기일 : 2003/04/25
배당종기일 : 2008/03/17 |

진행사항	임차내역	등기내역

유찰 2008/05/29 (59,000,000원)
낙찰 2008/06/30 (41,300,000원)
  53,110,000원 (낙찰율 : 90%)
  대경○○○ (총입찰 6명)
  낙찰허가(2008/07/07)
	※ ○○동 사무소 관할
	전입 2007/06/26 500만 원
	  (월 : 35만 원)
	  박○○ (현황조사서상)
	
	⚓ 배당요구종기일 : 2008/05/09
		※ 집합건물등기
		저당 2003/04/25
		  선순위저당
		• 청구액 : 1,454,379,865원

전화 몇 통화로 끝낸 명도와 임대

입찰이 다 끝나고 다음 날 법원 경매계로 찾아갔다. 임차인들의 연락처를 알고 싶어서였다.

407호에는 전입신고인이 없었고, 409호는 전입신고를 한 임차인이 한 명 있었다. 409호 임차 내용은 신고가 되어 있었지만, 임차보증금이 소액 임차인에 속해 최우선변제금을 받을 수 있는데도 배당요구를 하지 않아 임차인은 배당을 한 푼도 받아가지 못한다.

하지만 명도가 어려울 거라는 생각은 하지 않았다. 배당요구를 하지 않은 것은 아마 처음부터 월세를 내지 않고 있었기 때문일 것이다.

경매계장님께 관련 서류를 보러왔다고 말씀드렸더니 난감한 표정을 짓는다. (낙찰자는 낙찰받은 순간부터 이해관계인이 되어 관련 서류를 볼 수 있다.) 계장님의 옆자리를 보니 서류가 가득하다. 27개의 오피스텔이 한꺼번에 매각이 되어서 관련 서류의 양도 그만큼 많았다.

관련 서류를 보려는 이유가 무엇이냐고 묻는다. 임차인의 전화번호를 알아보고 싶어서라고 하니 오후에 다시 전화하면 그때 가르쳐 줄 테니 지금은 돌아가라고 했다. 그리고 한마디를 덧붙인다.

"전화번호를 알려주었다고 해서 낙찰허가도 받지 않았는데 바로 연락하고 그러시면 안 됩니다."

아마 임차인들을 배려해서 말씀하신 듯했다. 하지만 그날 늦은 저녁 그 오피스텔을 찾아갔다. 407호는 벨을 누르니 인기척이 없다. 할 수 없이 409호의 벨을 누르니 아가씨가 문을 열어준다.

어제 경매로 낙찰받은 회사에서 왔는데 내부를 좀 보면 안 되겠냐고 하니 선뜻 들어오라고 한다. 아가씨는 자신이 살고 있는 곳이 전날 경매로 매각되었다는 사실도 모르고 있었다.

많은 오피스텔이 한꺼번에 입찰이 되어서 낙찰받은 407호와 409호의 내부는 보지 못하고 입찰을 한 것이 마음에 걸렸는데 다행히 내부는 깨끗하고 괜찮았다.

주방

복개층 오피스텔 구조

드럼세탁기. 이런 것은 임차인이 떼어갈 수도
있으므로 유의해야 한다.

노후한 건물에 반드시 체크해야 하는 것이 보일
러다. 비용이 가장 많이 드는 것 중 하나다.

일부러 아가씨에게 사무적으로 물었다.

"저희 회사에서 잔금을 아마 한 달 후쯤에 낼 거예요. 그때 임대를
놓을 건데 계속 살고 싶으시면 저희랑 계약을 다시 하셔도 됩니다."

아가씨는 잠시 머뭇거린다.

"우리가 배당요구를 안 해서 배당을 못 받아가는데요."

아마 배당금을 못 받으니 좀 달라는 이야기인 셈이다.

그래서 웃으며 넌지시 받아쳤다.

"그래도 경매 진행될 거 알고 들어오셔서 월세 안 내고 계셨잖아요?"

이미 알고 있다는 듯 이야기하니 당황해한다.

"아, 네……."

"보증금 500만 원에 12개월 정도 사셨으니 월 35만 원씩 계산하면 약 80만 원 보증금이 남아 있는 셈이네요? 그래도 저희는 전 주인과는 아무런 관련이 없기 때문에 받지 못한 보증금에 대해선 책임이 없어요." 하고 말하니 아가씨가 고개를 끄덕인다.

아가씨에게 양해를 구하고 집 안을 다시 한 번 꼼꼼히 둘러보고 나왔다.

407호로 다시 가서 벨을 눌렀다. 인기척이 없다. 법원 서류에도 전입신고인이 없음이라고 되어 있다.

'혹시 이 호수는 사람이 사용할 수 없을 만큼 엉망이라 방치되어 있었던 게 아닐까? 그 사실을 몰랐던 우리만 단독 입찰을 했던 것이 아닐까?' 하는 불안감이 커졌다. 부동산 중개소로 가서 더 자세히 물어보아야겠다는 생각을 했다. 여기 오피스텔 현황은 그곳이 가장 잘 알고 있을 터였다.

건물 안에 있는 부동산 중개소는 늦은 시간 탓인지 문이 잠겨 있다. 어쩔 수 없이 전화번호를 휴대폰에 저장하고 집으로 돌아왔다.

다음 날 아침, 사무실로 전화를 걸었다. 여자 직원이 받는다. 407호와 409호를 이번에 낙찰받았는데 임대 놓을 때 잘 부탁드린다는 말씀을 드리고 407호에 대해 물었다.

"407호 사람이 안 사는 것 같던데 맞나요?"

"407호면 거기에 사람 살고 있어요. 우리랑 계약서를 썼던 게 기억이 나는데요. 잠깐만요, 서류 좀 보고요."

서류 뒤적이는 소리가 났다.

"아, 여기 있네요. 김○○ 씨라고 남자 분이 지금 살고 있어요."

다행이다,라는 생각을 했다. 임대가 나갔다는 것은 그 호수도 괜찮다는 말이기 때문이다.

직원이 가르쳐준 전화번호로 전화를 걸었다.

김○○ 씨는 아주 귀찮다는 목소리다. 자신의 여자 친구와 의논해보라고 전화번호를 준다.

여자 친구는 좀 거센 말투였다. 다짜고짜 이렇게 묻는다.

"그래서 우리에게 지금 당장 나가라고요? 이사비는 얼마 주실 건데요?"

이 말을 들으니 좀 화가 난다. 요즘 사람들은 무조건 낙찰자에게 이사비를 요구하나 싶다. 자신에게 잘못을 한 사람도 아닌 제 3자에게 당연히 이사비를 요구하는 것이 어처구니가 없었다.

"네? 이사비요? 지금 오피스텔을 제가 개인적으로 받은 것이 아니라

회사에서 받았기 때문에 단독으로 결정할 수 있는 사항이 아닙니다.

만약 요구하시는 것이 합당하다면 저희 이사님들과 의논하여 그렇게 해드릴 겁니다. 하지만 지금 이사비를 드릴 거라는 말씀은 드릴 수가 없네요."

"뭐, 이런 사람들이 다 있어. 그래서 언제 나가라고요?"

말투는 거치지만 협상하기는 그래도 수월할 것 같다는 생각이 들었다.

"그것도 의논드리고 다시 연락드리겠습니다."

임차인들의 명도는 쉽게 될 것 같았다. 하지만 바쁜 일정에 서울에서 인천까지 오가는 것이 문제였다.

멤버들과 의논을 했다. 오피스텔을 보러 온 사람들에게 집을 보여주고 이삿날에 맞춰 이사를 가준다면 이사비로 30만 원을 주기로 합의했다.

임차인들에게 전화를 하니 흔쾌히 그러겠다고 한다.

바쁘게 일하고 있는데 407호에서 전화가 왔다. 지금 당장 짐을 뺄 테니 30만 원을 보내달라는 것이다. 오피스텔을 다 비웠는지 확인할 수 없었으므로 부동산 중개소로 전화를 걸었다. 지금 407호에서 이사를 나가겠다고 하니 죄송하지만 확인을 부탁드린다고 했다.

직원은 처음에는 짜증을 냈다.

"아니 왜 그런 것까지 저희가 해야 합니까?"

"아, 죄송합니다. 지금 서울에서 인천까지 당장 갈 수가 없어서요."

도어록 키 번호도 받아달라고 부탁을 했다.

어쩔 수 없다는 듯 직원이 말했다.

"짐 빼면 집이 엉망일 텐데 청소하는 아주머니 소개해 드려요? 집이 엉망이면 세입자 구하기 힘들어요."

"네, 청소를 해야 한다면 그것도 부탁드리겠습니다."

이렇게 명도가 끝난 오피스텔 청소는 대략 5만 원 정도 비용이 든다. (그 외는 십만 원 정도다.) 그런데 한 시간이 지나서 직원이 전화를 준다.

"여기 임차인 짐 다 빼고 공과금 정산도 다했어요. 그리고 청소는 하지 않아도 될 것 같아요. 임차인이 청소도 다 해두었어요."

꼼꼼하게 일 처리해준 직원이 너무 고마웠다. 그렇게 사무실 직원 덕분에 407호와 409호의 명도와 임대를 서울과 인천을 왔다 갔다 하는 일 없이 모두 끝낼 수 있었다.

물론 최종 계약서를 쓸 때는 우리 쪽에서 직접 가야 했지만 그분의 도움이 없었다면 오고 가는 일로 많이 지쳤을 것이다.

이 일을 통해 일이 힘들어지면 주변의 도움을 구하는 것도 하나의 방법이라는 사실을 깨달았다. 일에 대해 전적으로 책임을 지겠다는 마음도 중요하지만, 모든 일을 혼자서 다 하려고 하기보다는 주변 사람의 도움을 받는 것도 하나의 대안인 것이다.

입찰하기 전 최저 임대를 놓을 수 있는 가격을 보증금 500만 원에 월차임 30만 원으로 수익률을 계산했었다. 하지만 둘 다 500만 원에 40만원 월세를 받고 있다.

그런데 왜 그날은 입찰자가 적었으며 407호에는 단독 입찰을 하게 된 것일까?

그건 바로 사람의 심리 탓이다.

첫째, 인천 지역은 그 당시에도 입찰 경쟁률이 심했다. 그런 과열된 상황인데도 그날따라 입찰자가 적었던 것은 매각 물건의 수가 별로 없었던 날이었기 때문이다. 사람들은 물건 검색을 할 때 물건이 많이 나온 날을 더 많이 보는 경향이 있다.

둘째, 이렇게 한 건물에 여러 개의 물건이 한꺼번에 나온 물건은 잘 보지 않는 경향이 있다. 오피스텔 하나가 아니라 수십 개가 나오면 그 건물 자체에 큰 하자가 있다고 생각하기 때문이다. 그래서 이런 물건에는 경쟁자가 다른 물건보다 적다.

셋째, 407호는 물건번호 1이었던 큰 상가를 빼고 오피스텔 중에 가장 먼저 시작하는 호수였다. 그래서 다른 사람들은 수십 개의 물건 중 첫 물건은 그냥 넘기고 다른 호수들 중 입찰할 물건을 골랐던 것이다.

제5장

'순분이',
55세 늦은 나이에
실전 경매 도전하다

경매는 우리 일상생활에 늘 가까이 있었다

자주 딸아이에게서 이야기를 들어서 귀가 뚫린 탓일까? 이젠 텔레비전 뉴스를 보아도 신문을 보아도 부동산 이야기에 귀를 기울이게 된다.

덕분에 뉴타운이니 재개발, 재건축이니 하는 말도 알아들을 수 있게 되었다. 까막눈인 줄 알았던 자신이 어려운 용어에 익숙해진 것이 신기할 뿐이다.

남편이 술을 한잔했나 보다. 읍내에 모임이 있다고 나가더니 얼굴이 약간 발그레해져서 돌아왔다. 거실로 들어서며 말한다.

"전에 둘째가 말했던 거 그거 팔렸단다."

갑자기 뜬금없는 소릴 하는 남편을 보고 묻는다.

"뭐가 팔렸다는교?"

"그 있잖아. 며칠 전에 둘째가 내려와서 읍내 사거리 슈퍼마켓 건물
경매된다고 했잖아."

그제야 순분이는 둘째가 했던 말이 떠오른다.

읍내 사거리에 위치하고 있는 건물이 4억여 원의 감정가에 30%대
로 떨어져 경매가 진행된다고 했었다.

수도권 지역에만 경매투자를 하는 애가 경상도의 작은 소읍의 물건
이 경매로 나왔다는 것을 아는 것도 신기하고 그 건물이 몇십 년 동안
그 읍에서 가장 알짜 부동산이었는데 그것이 경매로 넘어갔다는 사실
도 믿기지 않는다.

그래서 둘째에게 그랬었다.

"그게 어째 경매로 넘어갔다고 그러노 잘못 알았겠지."

그러니 둘째가 그런다.

"전에 우리 밭 앞산 한 부분이 싸게 경매로 나온 것도 모르고 있었
잖아. 그거 받았더라면 엄마 정말 좋았을 텐데."

그랬다. 몇 년 전 그 산을 샀으면 좋겠다고 주인에게 물었는데 거절
을 당했었다. 그런데 순분이도 모르게 그게 경매로 넘어가 서울 사람
이 그 산을 500만 원에 낙찰받았다는 것을 나중에야 알았다.

순분이 둘째에게 그랬었다.

"그거 경매로 나온 줄 알았다면 우리가 받았을 텐데……."

그러자 둘째가 놀렸다.

"엄마 경매 싫다며? 재수 없다며? 그런데 알았다면 경매로 낙찰받았다고?"

하며 배를 잡고 웃었다.

읍내에 있는 그 알짜 부동산은 1억이 좀 넘는 가격에 낙찰됐다고 한다. 아마 남편도 그 건물이 탐이 났었나 보다. 1층은 슈퍼마켓으로 되어 있고, 2층에서 3층까지는 주택으로 사용하고 있는 제법 큰 건물이었다.

순분이 그랬다.

"그거 받은 사람 횡재했겠네."

어느 여름 둘째가 밀짚모자를 눌러쓰고 나타났다. 그런데 하루 종일 나가서는 얼굴이 빨갛게 익어서 돌아왔다. 손에는 이상하게 그려져 있는 지도가 들려 있었다.

워낙 엉뚱한 구석이 있는 아이라 처음에는 내버려두었다. 그런데 시골 한적한 곳을 딸이 혼자 돌아다닌다는 것이 마음에 걸렸다.

"니? 도대체 뭐하노?" 하고 딸이 갖고 있던 서류들을 뺏어 보니 농가 주택의 사진이랑 밭 사진들이 보였다.

"니? 지금 이거 보러 다니나?"

하니 작은 눈을 크게 뜨고 고개만 끄덕인다.

'왜 이걸 니가 보러 다니노?'

기어들어가는 목소리로 딸아이가 말한다.

"그거 공매로 나왔다."

"공매?"

공매가 뭔지 모르지만 경매 비슷한 거라고 알고 있다. 순분은 딸을 혼냈다.

"쓸데없는 일 하지 말고 서울 올라가라."

그땐 둘째가 그저 한심할 뿐이었다. 2백만 원 빌려 올라가 입술 부르트도록 강사 일을 했던 아이가 그걸 때려치우고 저러고 있다고 생각하니 한숨이 절로 나왔던 것이다.

그랬는데 그때 딸아이가 보러 다녔던 곳들 중 한 지역이 얼마 전에 경상북도 도청이 들어선다고 발표가 나더니 평당 몇천 원, 몇만 원 가던 땅뙈기가 몇십만 원 몇백만 원으로 올랐다.

(부모님 집은 경북 예천군 ○○면이다. 도청은 예천에도 들어서는데, 예천군 호명면과 안동시 풍천면 일대에 들어선다. 도청이 들어서는 예천군 호명면은 부모님 집에서 한 30여 분 거리에 있다. 그리고 예천군 서쪽으로는 문경이 있는데, 그런 지역적 특성이 있는 연유에서 예천에서 과수원을 하시는 분들은 '문경사과'로 된 상자 속에 사과를 넣고 파신다. 그래서 예천에서도 '문경사과…', '문경사과…' 한다.)

여태까지 순분은 저 멀리 서울에서만 경매라는 것을 한다고 생각했는데 이렇게 가까이에서도 경매가 일어난다는 것이 실감이 되지 않았다. 둘째에게서 경매 이야기를 너무 들었나 보다. 요즘은 경매의 '경'자가 전하고 달리 너무 잘 들리는 것 같다.

선택, 새로운 세계를 받아들이다

단 하루도 일에서 벗어나 평온하게 지낼 수 없다면, 도대체 백만장자가 무슨 소용이겠는가! 그러니 우리는 '게으른 백만장자가'가 되어보자.

『게으른 백만장자』에서

김장철이 다가왔다. 순분은 남편의 트럭에 배추와 무를 가득 채워 새벽같이 장으로 나갔다.

순분의 배추는 속이 꽉 차 상품으로는 최고지만, 장에서 장사를 잘 하려면 좋은 목을 잡는 것이 먼저였다. 어떤 자리를 차지하느냐에 따라 그날 장사에 엄청난 차이가 있었던 것이다.

시장에는 알게 모르게 룰 같은 것이 있었다. 아무리 노점 상인이라도 자신의 터가 알게 모르게 정해져 있는 것이다.

하지만 가끔 그걸 무시하고 자리를 차지하거나 자신의 자리를 더 넓히기 위한 다툼이 일곤 한다.

그래서 부부는 급하게 서둘렀다. 장터에 도착하니 아직 다른 상인들은 보이지 않는다. 가게에서 장사를 하는 상인들도 문을 연 곳이 없다. 제일 좋은 자리에 배추를 내려놓았다.

한참 뒤에 최 씨네 부부가 왔다. 그들의 트럭에도 배추가 한가득하다. 최씨 부인이 순분이에게 말한다.

"아이고 형님, 형님은 좋은 자리라서 좋겠어요."

최 씨네 배추도 제법 잘 영글었다.

시간이 어느 정도 지나니 사람들로 이내 시장이 가득 찼다. 그렇게 하루가 지나고 장이 파했다. 하지만 장사를 한 사람들의 얼굴은 결과에 따라 저마다 조금씩 달랐다.

김장 채소를 준비했던 상인들 대부분은 오랜만에 수익을 챙겨 좋아했지만 시장 구석진 곳에 자리를 잡았던 최 씨네는 남아 있는 배추가 아직 많았다.

순분이는 남편이 태워주는 트럭에 몸을 싣고 돌아오며 문득 한 생각이 들었다.

'삶이란 성실한 것만 가지고 모두 다 좋은 결과를 얻는 것은 아니다.

어떤 것을 선택하고 어디를 선택하고 어떤 시기에 무엇을 해야 하는지 선택하는 것에서 사람들의 삶은 많은 차이가 난다.'

둘째가 경매 이야기를 했을 때는 설마 했었다. 두려웠다. 어찌 남들 뼈 빠지게 일해 모으는 돈을 한 번의 부동산 거래로 벌어들인다는 말인가?

이렇게 하는 것이 무언가 죄를 짓는다는 느낌이 들었던 것이다. 손쉽게 돈을 벌 수 있다고 생각을 하는 것조차 잘못된 것으로 여겨져 받아들이기가 힘들었다.

하지만 오늘 장터에 각기 다른 물건을 가져와 각기 다른 수입을 올리는 상인들을 보며 순분은 자신의 생각을 바꾸어야 한다는 생각이 들었다.

집에 돌아오자마자 둘째 딸에게 전화를 걸었다.

"전에 내가 물건 하나 받아달라고 했제이. 나도 본격적으로 한번 해볼란다."

둘째 딸이 말한다.

"엄마, 정말 많이 변했다. 그럼 엄마가 내게 약속해줘야 할 것이 있어. 엄마에게 부탁하는 거라고 생각해도 되고……."

진지한 딸의 말에 다시 슬그머니 두려운 감정이 생긴다.

"뭔데?"

"내가 입찰하는 것에서 명도하는 것까지 도와주겠지만 내 말을 다 믿어서는 안 돼. 모든 결정은 엄마가 하는 거야. 내가 대신 움직여도 되는 건 그렇게 하겠지만 엄마가 직접 해야 하는 건 엄마가 해야만 해. 무슨 말인지 알지?"

이 말에 갑자기 화가 난다.

"니를 키워준 엄마에게 돈이 될 만한 물건 하나 받아주면 될 텐데 뭐가 그리 조건이 까다로워."

자신이 모든 걸 결정하라니! 아직까지 뭐가 어떻게 돌아가는지도 모르는 사람에게 모든 책임을 떠넘기는 딸이 얄밉다.

"엄마, 투자를 하다 보면 예기치 않는 일들이 발생하곤 해. 일이 어떻게 돌아가는지, 엄마의 계획이 무엇인지 확신이 없으면 나중에 딸하고 인연을 끊겠다는 말까지 나올 수 있어.

투자는 엄마의 인생을 엄청나게 바꿀 수 있는 위험한 것이 될 수도 있어. 그만큼 신중해야 하는데 나에게 다 맡기는 건 엄마 인생을 나에게 전적으로 맡기는 거나 마찬가지라고."

딸의 요지는 이렇다.

엄마가 투자에 익숙해지길 바란다는 것.

돈은 잃어버릴 수도 있고 벌 수도 있지만 한번 배운 것은 두고두고 인생에 긴요하게 쓰이므로 그런 배움의 기회를 딸에게만 넘기지 말라는 것이다…….

순분이의 첫 투자, 유치권이 있는 물건

두 달이 지나도록 딸에게선 경매에 대해 한마디도 들을 수 없었다. 간혹 안부 전화는 왔어도 서울 생활이 바쁜지 순분이가 기다리는 경매 물건에 대한 이야기는 한동안 듣지 못했다.

장에서 돌아와 트럭에서 내리는데 대문이 열린다. 둘째 딸이 방긋 웃고 있다. 드디어 물건 하나를 골랐나 보다,라는 생각이 들었지만 짐짓 모른 체했다.

둘째는 저녁을 다 먹고 나서도 아무 말이 없다. 답답해진 순분이 딸에게 묻는다.

"어째 아무 말이 없노?"

그제야 딸이 주섬주섬 가방에서 서류 뭉치와 노트북을 꺼낸다. 제법 양이 많다. 덜렁거리는 딸이지만 일을 할 때 제법 꼼꼼하다는 것을 알았지만 보여 준 서류를 보니 입이 쩍 벌어진다.

"야야, 이걸 다 어떻게 구했노?"

사진과 지도 이런저런 서류들이 많았다.

"엄마 부동산투자를 할 때는 될 수 있으면 많은 정보를 수집해야 돼."

선생 말투를 흉내 내며 딸이 노트북 전원을 켠다.

전에 딸이 말한 것처럼 유료 사이트에 들어가 물건 하나를 보여 준다.

"엄마 봉천동에 1억 7,500만 원짜리 물건이 나왔어. 내가 전에 여기서 하나 받았는데, 이곳에서 또 나온 거야."

중앙3계 2006-18○○○ / 임의 (유치권/토지별도)					
용 도	아파트	감정기관	○○감정(2006/09/14)	채권자	농협중앙회 영업부
매각방법	개별	감 정 가	175,000,000원	채무자	장○○
접수일자	2006/05/26	최 저 가	89,600,000원 (51.2%)	소유자	장○○
유찰/진행	3회/4회	최종결과	낙찰 (낙찰일 : 2007/11/27, 낙찰가 : 142,111,000원(81%))		

소재지/특성면적		감정가 외 기타정보
12) 서울 ○○구 ○○동 ○○○-○○○ 가나다아파트 5층 502호(아파트)		
철근콘크리트조, 철근콘크리트 • ★유치권신고(이○○ 42,841,000원, 성립 여부 불명) • ○○○학교 북동측 인근 • 단독 및 공동주택 혼재 • 버스정류장 인근 • 도시가스 개별냉난방 • 북측 및 동측 6m도로 접함 • 도시계획시설도로 접함 • 2종일반주거지역(7층 이하)	대지 : 27.55/535.00m²(8.33평) 건물내역 : - 건물 60.96m² (전용 : 18.44평, 31.42평형) 총 5층 중 5층	토지이용계획 / 공시지가 / 기준시가 총감정평가 : 175,000,000원 • 토지감정 : 87,500,000원 • 건물감정 : 87,500,000원 보존등기일 : 2005/12/30

진행사항	임차내역	등기내역
유찰 2007/08/14 (175,000,000원) 유찰 2007/09/18 (140,000,000원) 유찰 2007/10/23 (112,000,000원) 낙찰 2007/11/27 (89,600,000원) 　142,111,000원 (낙찰율 : 81%) 　이○○ (총입찰 21명) 　낙찰허가 (2007/12/04)	※ ○○동 사무소 관할 　(조사된 임차내역 없음) ♣ 배당요구종기일 : 2006/09/21	※ 집합건물등기 　저당 2005/12/30 　　　선순위저당 ** 토지별도등기있음 　(토지저당 : 2003/02/14) 　* 청구액 : 2,434,856,319원

최종 낙찰받은 물건

순분　에구, 그런데 8,960만 원까지 떨어져 있는 걸 보니 뭐가 문제가 있나 보구나.

딸　응. 여기 사건번호 옆에 '유치권'하고 '토지별도등기' 보이지?

순분　보이긴 하는데 도대체 뭔 소리인지 모르겠다.

딸　유치권이란 이런 거야. 유치권을 신고한 경우는 여러 가지가 있는데, 그중 제일 많은 것이 건축업자가 공사대금을 받지 못했을 경우 '공사대금을 다 돌려줄 때까지 이 건물에 대해 점유를 하겠소.' 하고 행사하는 것을 '유치권'이라고 해.

순분　그러니깐 건물 주인이 집 짓다 말고 망했다는 거구나. 그래서 경매 넘어가고 공사를 맡았던 사람들은 돈도 못 받고 여기 들어와 살고 있고.

딸　와, 우리 엄마 대단하다.

순분　그런데 유치권이 왜 문제가 되지? 아무리 그래도 낙찰받은 사람은 그 주인하고 아무런 관련이 없는데, 집이 낙찰되면 새 주인에게 집을 비워줘야 되는 게 아니니?

딸 유치권을 인정받은 사람은 낙찰자든 전 주인에게서든 자신의 공사 대금을 다 받을 때까지 건물에 계속 점유할 권리가 있어.
그리고 채무자 또는 소유자에게 허락을 받은 합법적인 점유여야 권리를 주장할 수 있어.

순분 그럼 나중에 그 점유하는 동안 사용한 거는 금액에서 빼야겠다. 머무르고 있는 동안 무료로 사는 셈이잖아.

딸 아니 그렇지 않아. 그래서 유치권이 인정되는 물건을 낙찰받았을 경우 잔금을 치르고 소유권을 가지게 된다 하더라도, 점유하고 있는 유치권자 때문에 그 건물을 사용할 수 없어.
그래서 유치권자가 요구하는 금액을 물어줘야 사용을 하게 되는 거야.

순분 그래서 이렇게 많이 유찰이 된 거구나. 나도 지나가며 들은 말이지만, 이렇게 공사대금 못 받아서 남의 집을 점유하고 있는 사람들 중에는 험악한 사람들이 많다던데…….

딸 사실 대부분 다 그래. 유치권 행사를 하려면 반드시 공사가 끝나고 대금을 못 받았을 경우, 바로 점유가 시작되어야 하고 점유는 하루라도 빠지지 않고 지속적으로 해야만 유치권 인정을 받아. 그래서 점유기간이 길어지므로 보통 점유를 직원을 통해 하게 되는데, 그 일을 바쁜 사람들이 할 수는 없고 해서 일부러 이런 일만 전문으로 하는, 소위 말하는 '깍두기' 아저씨들에게 얼마만큼의 돈을 지불하고 점유를 대신하는 경우도 있어.

순분   그럼 유치권 당사자가 점유를 안 해도 된다는 말이니?

딸   응. 관리인 하나를 두고 건물 전체를 점유한다고 해도 인정받아. 즉, 간접점유도 인정을 받아.

순분   그런데 이런 유치권이 있는 물건을 왜 하필 보여주는 거지?

딸   경매투자를 하다 보면 이렇게 유치권이 걸려 있는 것들 중에 괜찮은 물건이 제법 많거든.

순분   그럼 이 유치권자가 주장하는 금액을 다 인수하고도 수익이 난다는 말이니?

딸   엄마가 더 관심을 갖고 공부를 하겠다면 말해주고 아니면 말고.

순분   엄마 그만 놀리고 말해봐라.

딸   여길 보면 유치권자 청구금액이 얼마야?

순분   한 4,300만 원 정도가 되네. 그럼 지금 가격에서 이걸 인수해야 한다고 해도 약 1억 3천만 원이 조금 높아서 감정가보다는 싸게 사는구나.

> 철근콘크리트조, 철근콘크리트
>
> • ★유치권신고
>   (이○○ 42,841,000원,
>   성립여부불명)
> • ○○○학교 북동측 인근
> • 단독 및 공동주택 혼재
> • 버스정류장 인근
> • 도시가스 개별냉난방
> • 북측 및 동측 6m도로 접함
> • 도시계획시설도로 접함
> • 2종일반주거지역(7층 이하)

딸   그렇게 계산할 수도 있겠지. 그럼 엄마 이 물건 한번 도전해볼 거야?

순분   도전이 아니라 우선 조사부터 해보고 괜찮으면 입찰해보는 거지.

딸   와, 엄마 많이 달라졌다. 이렇게 복잡한 거 머리 아프다고 쳐다보지도 않을 줄 알았는데.

순분 이것저것 다 따져서 쉬운 것만 하려면 그만큼 남는 게 없잖아.

이 말에 딸과 옆에서 듣고 있던 남편이 한바탕 웃는다.

딸에게 큰소리를 쳤지만 서울로 함께 올라가겠다고 한 것이 금방 후회가 된다. 그냥 이대로 살아도 괜찮은 건데 괜히 쓸데없는 일들을 벌이는 것이 아닌가 하는 생각에 잠을 이룰 수가 없다.

그래도 아직 그 물건에 입찰을 하는 것도 아니니 끝까지 배울 게 있으면 배워두자는 마음이 들었다.

유치권이 있는 물건, 투자할 때 알아야 할 법률적 것들!

유치권이 걸려 있는 물건은 유찰이 많이 되곤 한다. 잘만 고르면 바로 큰 수익을 볼 수 있는 것이 바로 이 '유치권이 걸려 있는 물건'인데 초보자가 시도해보기에는 다소 어려운 것도 사실이다. 유치권은 단순한 의미이지만 이것을 파악하는 데는 많은 부분을 이해하고 있어야 한다.

유치권은 보통 공사대금에 대한 유치권이 가장 많다. 한 건설업자가 공사를 하고도 공사대금을 받지 못했을 경우 건설업자는 적법한 방법으로 그 건물에 점유할 수 있다. 이것은 건설업자가 받지 못한 금액을 소유자나, 낙찰자나 매수자가 자신의 공사대금을 다 돌려줄 때까지 건물을 비워주지 않겠다고 하는 행위이다. 이렇게 하는 것은 유치권을 주장할 방법이 점유 이외는 없기 때문이다.

다음은 공사대금에 대해 유치권이 설정되었을 경우 알아두어야 할 사항들이다.

첫째, 유치권자의 점유는 적법한 것이 되어야 하며, 채무자의 승낙 없이 유치물을 사용·대여·담보제공을 한 경우에는 그 유치권은 소

228

멸한다. 그래서 유치권이 신고되어 있는 물건에 입찰하고자 하는 사람들은 유치권자들이 적법하게 점유를 하고 있는지 파악하려고 하는 것이 이 때문이다.

둘째, 보통 유치권은

[민사소송법 제607조 (민사집행법 제90조)의 부동산담보 위의 담보권자로서 그 권리를 증명하여야 경매절차상 이해관계인이 되므로 공사대금계약서 등의 원인서류를 갖추어 늦어도 매각결정기일까지는 유치권신고를 하여야 할 것이다. 유치권 주장에 관한 법원의 판단범위는 주장채권에 한정된다(대법 53다 236).]

라고 나와 있듯이 매각결정기일까지 유치권신고를 해도 무방한 것으로 나와 있다. 이렇게 되다 보니 낙찰 후 유치권 신고자가 나오면 낭패가 아닐 수 없다. 그래서 매각결정기일 전에 유치권이 신고가 되었다면 그 금액을 감안하여 입찰가를 쓰거나 입찰을 포기할 수도 있는데 낙찰 후의 유치권 신고자가 나오게 되면 보통 낙찰불허가 신청을 하게 된다. (이런 상황을 피하기 위해 반드시 현장조사를 철저히 해야 한다.)

하지만 건물이 완공된 후 어떤 권리도 설정되어 있지 않다가 어떤 채권자가 자신의 채권을 돌려받기 위해 판결을 받아 이 건물을 경매로 넘기게 되는데 이때 등기부에 기재되는 것이 바로 '강제경매개시결정 기입등기'이다.

강제경매개시결정기입등기는 압류의 효력이 있다 하여 이 등기가 설정된 후(점유를 시작하고) 유치권을 주장할 경우 그 유치권을 인정받기가 어렵다.

　　그 이유는 민사집행법 제92조 제1항, 제83조 제4항에 따른 압류의 처분금지효력에 저촉하여 목적물의 교환가치를 감소시킬 우려가 있는 처분행위에 해당한다고 보기 때문이다.

　　하지만 유치권 주장이 강제경매개시결정기입등기 이후의 유치권 주장이라 하더라도 여기서도 점유의 개시가 언제부터인가를 유의해야 한다.

　　셋째, 유치권자가 임대를 놓는 경우이다.

　　유치권이라고 신고되어 있는 물건을 조사하러 가보면 의외로 임차인들이 살고 있는 경우가 있다. 이때 임차인이 유치권자의 점유를 대신한다고 볼 수 있는데 이는 간접점유로 본다. 하지만 임대도 소유자나 채무자의 승낙을 받은 적법한 임대여야 한다. 그리고 임차인은 유치권자를 대신하여 점유를 하고 있을 뿐 임차인이 유치권자를 대신하여 유치권을 타인에게 주장할 수는 없다.

　　넷째, 유치권자가 채권의 변제 대신 해당 건물을 대물로 받은 경우이다.

　　유치권자가 소유자나 채무자에게 자신의 공사대금 대신 해당 건물을 대물로 받았을 경우 이는 유치권 소멸로 본다.

다섯째, 유치권자는 인도명령 대상이 아니다. 유치권이 인정될 경우 낙찰자는 명도소송을 통해 명도를 해야만 한다. 하지만 유치권으로 인정받지 못할 경우 불법점유자로 보아 인도명령대상이 된다. 대물로 받은 건물의 임차인도 인도명령 대상이다.

여섯째, 유치권이 설정되어 있는 물건에 대한 잔금대출 문제이다. 보통 금융권에선 유치권이 설정되어 있으면 대출을 해주지 않는다. 하지만 유치권이 성립되지 않음을 밝힐 수 있다면 잔금대출을 받을 수 있는 가능성도 있지만 그래도 받지 못할 경우를 대비하여 입찰 준비를 해야 할 것이다.

일곱째, 다른 채권의 문제로 해당 부동산에 점유하여 유치권을 주장할 수 없다. 유치권의 주장은 반드시 해당 부동산에서 발생된 채권에 한해서 주장할 수 있다.

여덟째, 유치권자의 점유는 지속되어야 한다. 하루라도 점유를 상실하였다 다시 점유를 개시하여도 유치권은 소멸된다.

아홉째, 건물 전체가 나왔는데 유치권자가 공용부분에 대해 유치권을 주장할 경우는 공용부분을 제외하고 건물을 사용하는 데는 무리가 없는 걸로 본다는 판례가 있다(예외도 있을 수 있으므로 유의해야 한다.).

열째, 유치권을 주장하지 않겠다는 특약이 있었다면, 유치권자는 유치권을 주장할 수가 없다.

이렇게 공사대금에 대한 유치권에 대해 짚어 보았다. 공사대금뿐만 아니라 임차인이 건물을 임차하면서 발생하는 필요비나 유익비에 대해서도 유치권을 주장할 수가 있다.

필요비는 임차인이 해당 부동산을 임차하면서 반드시 필요에 의해 소요된 비용을 말한다. 보일러 수리나 수도배관공사가 여기에 속한다고 볼 수 있다.

유익비는 건물의 객관적 효용가치를 증대시키기 위해 지출된 비용을 말한다.

하지만 공사대금에 대한 유치권뿐만 아니라 임차인의 유치권도 허위일 가능성이 많다. 유치권을 주장하면서 유찰이 많이 될 경우 본인이 입찰하려고 일부러 유치권 신고를 하기도 한다. 그리고 유치권자들이 신고하는 금액도 실제보다 많이 부풀려 있을 때가 많으므로 이것도 알아두면 좋을 것이다.

두려움을 뒤로하고 서울로 상경하다

　　　　　　순분은 다음 날 두려움을 누르고 서울로 가는 버스에 몸을 실었다. 버스에서 내려 전철을 타고 신림역에서 내린다. 차멀미 탓에 속이 불편한 데다 다리도 몹시 아파온다. 그래서 역에서 그곳까지 걸어가도 되지만, 다소 시간이 걸리므로 택시를 타고 가기로 한다. 구불구불한 골목길을 한참 가더니 택시가 한 건물 앞에 이르러 멈춘다.

　택시에서 내려 건물을 보니 아파트라고 하지만 빌라에 더 가깝다. 그래도 겉으로 보기엔 멀쩡한 건물인데, 자세히 입구부터 살펴보니 여기저기 마무리가 안 된 곳이 눈에 띈다.

　엘리베이터를 타고 5층에서 내렸다.

　5층밖에 되지 않는 빌라에는 보통 엘리베이터가 없다고 딸이 귀띔

한다. 해당 호수의 벨을 둘째가 겁도 없이 누른다. 순분은 가슴이 쿵쾅거리는데 딸은 몹시 익숙한 듯하다. 이렇게 가슴 떨리는 일을 딸이 한다는 생각에 왠지 가슴 한쪽이 안 좋다.

한참 벨을 눌러도 소리가 없자 그녀는 다른 호수의 벨을 누른다. 이윽고 총각 하나가 머리를 내민다.

"여기 앞집 경매 때문에 왔는데 사람이 없어서요, 죄송하지만 내부 좀 볼 수 없을까요?"

하고 말하니 총각이 고개를 젓는다.

"여기 건물 경매 진행되는 동안 많은 사람들이 왔다 갔어요. 집 이제 그만 보여주려고요."

하며 문을 닫으려는데 딸이 문을 잡는다.

"정말 죄송한데 지금 저의 엄마가 시골에서 올라오셔서…… 부탁 좀 드릴게요."

총각은 순분을 흘긋 보더니 문을 열어준다.

내부는 생각보다 괜찮다.

"마무리 공사가 덜 되었다고 하던데 여기는 괜찮네요?"

하며 딸이 묻는다.

"여기도 마무리가 덜 되어서 이곳저곳 수리를 했어요. 형광등이랑 싱크대 같은 데요."

총각이 처음과는 다르게 설명해준다.

"건물 자체에는 문제가 없어요?"

"아직까지는 그런 것 같아요."

한두 가지 더 물어보고 집에서 나왔다. 내부가 널찍하고 앞이 탁 트인 풍경도 좋다. 하지만 마무리 공사가 덜 되었다는 게 마음에 걸린다.

"그러고 보니 유치권 때문에 유찰이 많이 된 게 아니라 건물이 다 완성되지 않아서 다들 그렇게 유찰이 된 거구나."

하고 말하니 딸이 고개를 끄덕인다.

"응. 여기 2동의 아파트는 전에 전부 경매로 진행되어 거의 1억이 조금 넘는 가격에서 낙찰을 받았어. 조금 더 조사를 해보면 알겠지만 엄마 말대로 유치권 문제뿐만 아니라, 건물의 공사가 끝나지 않아서 유찰이 됐던 것 같아."

"그럼 유치권 금액에 수리하는 금액까지 감안해야겠네. 근데 건물에서 물이 새고 그런 건 아니겠지?"

하며 불안하다는 표정으로 순분이 말한다.

"건물에서 물이 새는 건 이런 벽들을 유심히 살펴보면 그 흔적을 볼 수 있어. 여기 벽들을 유심히 보았는데 그런 흔적은 없어. 그리고 옥상이나 지붕 위에 올라가 봐도 돼. 만약 지붕이 새면 지붕의 타일들을 유심히 보면 돼. 이참에 지붕을 보러 갈까?"

딸과 함께 지붕 위로 갔다. 지붕 위를 덮고 있는 타일들은 꼼꼼하게 잘 해놓은 것 같다.

해당 호수의 내부를 보지 못한 것이 못내 아쉽지만 다른 집 호수를 보니 수리할 부분이 그렇게 크지 않다면 입찰해도 괜찮을 듯싶다. 하지만 지금 점유하고 있다는 그 유치권자와는 어떻게 해야 하는 건지 모르겠다.

"우선 수리해야 할 부분이 큰지 알아보고."

딸은 마침 엘리베이터 안에 붙여져 있는 안내문를 보고 전화를 건다.

거기에는 이 건물의 총무가 청소하는 날짜와 관리비에 대한 내역서가 적혀 있다. 물론 총무의 전화번호도 적혀 있다.

"네, 여보세요. 제가 여기 경매 나온 물건 때문에 조사를 나왔는데요……."

한참을 이것저것 딸이 물어보더니 전화를 끊는다.

"엄마 내부는 지금 살고 있는 유치권자가 직접 새시랑 싱크대 등을 설치하고 살고 있는데, 그 외는 문제가 없대. 물이 새거나 벽이 심하게 금이 가 있다거나 하는 건 없다고 하네."

이렇게 안내문 하나에 적어놓은 전화번호를 보고 궁금했던 부분을 묻는 딸이 왠지 평소와는 느낌이 달랐다.

"너, 처음부터 이렇게 아무 집에나 벨 누르고 전화하고 그랬냐?"

"아니, 처음엔 다리 떨려서 건물 안에도 못 들어갔어."

하며 킬킬 웃는다. 마지막으로 지하에 있다는 주차장을 보고 건물 밖으로 나왔다. 둘째가 손가락으로 건물을 가리키며 묻는다.

"엄마 우선 유치권이니 뭐니 하는 것은 접어두고 이 건물 마음에 들어?"

"글쎄다. 살고 있는 사람만 나가준다면야 건물은 그래도 쓸 만해 보이네. 그런데 어제 너 그 토지별도등기인가 하는 것은 설명을 안 했잖아. 그게 뭐냐?"

어제부터 궁금했던 토지별도등기에 대해 순분은 묻는다.

"내가 그걸 설명을 한다는 것이 깜박했구나. 이런 아파트나 빌라를 '집합건물'이라고 하고 이 집합건물의 등기부등본은 건물과 토지 부분으로 나뉘어서 나와.

하지만 토지별도등기가 있다는 것은 이 건물이 지어지기 전에 토지에 저당이나 가압류 등이 설정이 되었다는 거야.

집합건물의 등기부등본상의 권리들은 낙찰로 소멸된다고 했잖아? 하지만 이렇게 토지등기부등본에 따로 설정된 것은 낙찰자가 인수해야 돼."

이 말에 순분은 화들짝 놀랐다. 유치권과 미완성된 건물에다 그런 것까지 인수를 해야 한다니! 순분은 처음부터 너무 복잡한 것을 골라온 딸이 얄밉게 느껴진다.

"토지등기부등본에 설정된 금액을 다 인수해야 한다고? 그게 얼마데?"

하고 물었다.

둘째가 들고 있던 서류들을 뒤적이더니 토지등기부등본이라는 것을 보여 준다.

"근저당이 대략 20억이 걸려 있어."

이 말에 순분은 깜짝 놀랐다.

"뭐 20억이나 된다고?"

"엄마 끝까지 들어봐. 여기 20억이 넘게 걸려 있는 것은 이 두 동의 아파트 전체에 걸려 있는 거야. 그런데 이 금액을 낙찰자들에게 인수시키면 유찰이 더 되니까 채권자에게도 좋지 않아.

그래서 이렇게 경매 매각대금에서 배당을 받아가겠다고 하면서 지분을 포기하고 금액을 청구하게 되면 낙찰로 소멸이 돼.

즉, 토지에 별도로 걸려 있는 권리도 소멸이 되는 거야."

하며 딸이 채권자가 청구했다는 표시가 있는 곳을 손가락으로 가리킨다.

"그럼 그렇다고 진작 설명을 하지. 그러면 토지별도등기는 걱정을 하지 않아도 된다는 거니?"

※ 집합건물등기
저당 2005/12/30
선순위저당
** 토지별도등기있음
(토지저당 : 2003/02/14)
* 청구액 : 2,434,655,315원)

"그래."

순분은 한꺼번에 너무 많은 걸 배우는 것 같다. 평소에 등기부등본조차 보지 않고 살았는데, 등본을 볼 줄 아는 것도 중요하다는 생각이 들었다.

다음 장소는 주민자치센터였다. 딸이 전입세대 열람신청서를 작성하더니 조금 전에 자신에게 보여주었던 그 서류를 직원에게 내민다.

직원은 그 서류를 복사하더니 다시 딸에게 건네준다.

"이렇게 매번 주민자치센터에 와서 조사도 해야 되니?"

"응, 인터넷 사이트에서는 지금 전입신고가 되어 있는 사람이 아무도 없다고 나와 있지만, 그래도 혹시 몰라서 늘 조사를 하는 편이야."

직원이 출력해서 내준 종이를 보여 준다.

"봐, 이게 전입세대 열람내역서인데 전입신고를 한 사람이 없지?"

"그럼, 유치권자들은 전입신고를 하지 않아도 된다는 말이니?"

"응. 유치권자들은 임차인으로 권리 행사를 하고 있는 것이 아니기 때문에 점유만 하고 있어도 유치권을 주장할 수 있어. 단 점유를 상실하면 그때부터 다시 유치권을 주장할 수 없게 돼."

"야야, 법이 뭐 그렇게 고약하게 복잡하노?"

"그래도 재미있지 않아? 이런 걸 모르는 사람들은 이런 물건에 입찰을 할 수 없지만 조금 더 복잡한 공부를 한 사람들은 남들이 도전해보지 못하는 것들에도 해볼 수 있는 게?"

이런 것들이 재밌다고 말하는 딸에게 더 이상 할 말이 없다. 그래도 도박이나 허튼 일에 재미를 붙인 것보다 법 공부하는 데 재미를 붙였으니 잘못되었다고 말할 수 있는 것도 아니다.

주민자치센터에서 나와 딸이 또 택시를 잡는다.

"이젠 어디로 가는데?"

"법원……."

어떻게 유치권자가
진짜인지 가짜인지를 밝힌다 말이고?

텔레비전에서만 보았던 법원을 실제로 보니 무척 크다는 느낌이다. 사람들도 무척 많다. 순분은 자신이 너무 세상을 모르고 좁은 우물 안에 갇혀 살았다는 생각이 다시금 든다.

법원 내에서 한참을 걸어가더니 딸은 한 건물 안으로 들어간다.

"여긴 어디노?"

"경매계, 이젠 유치권자가 진짜이냐 가짜이냐를 밝히는 순간이야."

"뭐? 어떻게 그걸 밝힌다 말이고."

딸이 장난스럽게 웃어 보인다.

경매계라는 곳에 들어간 딸은 가판대 위에 올려놓은 서류 뭉치를 들고 왔다. 한참 서류를 넘겨보더니 딸이 고개를 젓는다.

"왜 그러노?"

어두운 표정을 짓는 딸이 나지막하게 말한다.

"엄마 이건 그 매각물건명세서라고 하는데 사이트 등에 올려진 내용 이외에 다른 사항이 있기도 하다고 했잖아. 그런데 여기에는 없네."

"도대체 무얼 찾는 거냐?"

"유치권자가 유치권을 신고한 날."

이렇게 말하고는 보기에도 몹시 오래되어 보이는 컴퓨터로 간다.

"엄마, 여기에는 법원에서 이루어지는 사건별로 진행되는 내용들이 올려져 있어.

가령 각 이해관계인들에게 송달을 보낸 날 등이 자세히 기록되어 있는 거야. 여기 사건기록이라는 표시 보이지. 이곳으로 들어가 볼게."

이윽고 길고 긴 내역들이 보였다. 한참을 뚫어지게 보더니 손가락으로 가리킨다.

"엄마, 여길 봐봐. (강제)경매개시결정등기일이 여기 있잖아. 그런데 유치권자로 신고한 사람들은 이날로부터 일 년 정도가 지나서야 점유를 하고 유치권 신고를 한 거야."

"그렇게 되면 유치권을 인정받지 못하니?"

"응, 유치권자는 자신의 공사대금을 받아야 하는 시기에 받지 못했을 경우 곧바로 점유를 하고 나서 유치권을 주장해야 돼. 그런데 이렇게 (강제)경매개시결정등기가 나고 점유를 한 유치권자들은 인정을 받지 못한다는 판례가 있어.

그리고 이 아래를 보면 ○○은행 채권자가 유치권 배제 신청을 했어. 이렇게 금융권에서도 유치권 배제 신청을 하게 되면 유치권자가 이길 확률은 거의 없어."

약간 흥분된 어조로 딸이 말한다.
"그럼 그 4천만 원 인수를 하지 않아도 되겠네."
"응. 그리고 그 4천만 원의 금액도 그 호수에만 신청을 한 것이 아니라 세 개의 호수 금액을 다 합친 거야. 아마 천만 원 정도보다 조금 높을 거야."
"그럼 혹시 잘못되어 유치권을 인수한다 해도 물어줘야 하는 금액이 천만 원 정도라는 말이네. 그런데 그걸 다 어떻게 알았니?"
"그건 이미 매각된 다른 호수에 대한 서류들을 꼼꼼히 살펴서 알아낸 거야."

딸은 찾던 것을 알아내어 기분이 너무 좋은가 보다. 하지만 순분은 입찰을 이제 하는구나 하는 생각이 들자 가슴이 더 떨려온다.

낯선 길

    딸의 집에서 하룻밤을 묵었다. 혹시 잘못된다 하더라도 풀어갈 수 있는 물건이지만 의외로 낙찰받고 마음고생 많이 할 수 있다며 지금도 입찰을 하고 싶지 않으면 안 해도 된다고 딸은 말한다.

    순분은 결정을 쉽게 하는 편이 아니지만 한번 결정한 것을 잘 바꾸는 성격도 아니다. 풀어갈 수 있는 것이라면 해보자고 결심했다.

    만약 낙찰을 받게 되었을 경우를 대비하여 필요한 예산도 짰다. 유치권이 인정이 되면 대출이 안 나오지만, 유치권이 인정이 안 될 가능성이 높으니까 대출도 받을 수 있다고 딸은 말한다. 하지만 이제까지 살면서 어느 정도 모아놓은 돈이 있으니 그것은 딸이 걱정하지 않아도 된다.

그렇게 말을 하고 나왔지만 다음 날 서울을 떠나 집으로 걸어가는 길에 순분의 마음은 무겁다.

늘 다녔던 길만 다녔다. 수십 년을 한곳에서 땅을 갈고 같은 장터에 나가 장사를 했다. 그런데 새롭고 낯선 길은 서울의 도로만큼이나 어지럽고 복잡하다.

그리고 허리 한번 펴지 못하고 입을 것 먹을 것 아껴가며 모은 전 재산을 털어 지금 투자를 하려고 마음을 먹고 있는 것이다.

'다 늦은 나이에 지금 무엇을 새롭게 한다는 것이 잘한 짓인지…….'

하지만 딸과 함께 다녀보니 허투루 투자를 하는 것은 아니었다. 이것저것 조사를 하고 대비책까지 강구하고 나서 덤비는 것이다. 딸을 믿어보기로 했으니 끝까지 믿어야 된다는 생각이 든다.

그리고 알 수 없는 미래에 대해 불안해하며 아무것도 하지 않고 있는 것보다는 새로운 것을 배워보겠다고 생각한 자신을 다시 되돌리고 싶지 않다. 지금 안 하면 더 나이가 들고 나면 더 못할 것이다. 용기가 생길 때, 기회가 왔을 때 해야 한다고 다시 한 번 마음을 다잡아본다.

드디어 입찰일.

딸이 서울로 올라오기 힘든 순분을 대신해 입찰을 하러 갔다. 그래서 서울 올라갔을 때 미리 인감증명서 대여섯 통과 인감도장을 맡기고

왔다. 아침부터 신경이 쓰이는데 짐짓 남편에게는 아무렇지도 않다는 듯 행동했다.

남편 역시 결과가 궁금한 얼굴인데도 나름대로는 내색하지 않으려고 노력하고 있는 것 같다. 그렇게 평소와 같이 밭에서 일을 하고 있는데 남편 휴대폰이 울린다.

"어, 어, 알았다." 하며 남편이 전화를 끊는다.

"어떻게 됐다고 하는교?"

"둘째한테서 전화 왔다는 거는 어떻게 알았노?"

남편이 일부러 뜸을 들인다.

"딴소리하지 말고 그래 어떻게 됐다고 하는교?"

"순분이가 됐단다. 21명이나 입찰했는데 순분이가 됐단다. 축하한다. 이제 순분이 서울에 집 하나 마련했네?"

낙찰가도 미리 정하고 왔으니 딸이 그렇게 썼다면 삼천만 원 싸게 매입하는 것이다.

"그래 얼마를 썼다고 하던교?"

"정해놨던 가격으로 썼단다."

하며 남편이 웃는다.

그런데 사람 마음이라는 게 우습다. 조금 전까지만 해도 제발 낙찰이 되었으면 했는데 막상 그렇게 되고 나니 이젠 겁이 더 난다.

'괜한 걸 받은 건 아닐까?' 하고 또다시 두려움이 인다.

딸의 말대로 유치권은 인정되지 않았다. 살고 있던 사람들은 두 달을 힘겹게 줄다리기를 하더니 집을 비워주었다. 딸은 일이 진행되는 것 또한 그때그때 알려주었다.

한동안 유치권자가 안 나간다고 할 때는 혹시 그 사람들이 그 집에서 영원히 살면 어쩌나 하는 생각과 혹시 딸에게 해코지라도 하면 어쩌나 하는 생각으로 마음이 편치 못했다. 남들은 낙찰 하나만 받았으면 좋겠다고 빈다는데 순분은 한 번에 낙찰받고도 배부른 걱정을 했던 것이다.

점유자가 이사를 나가자 부동산 가격이 많이 올랐다. 봉천동 지역의 가격이 급등을 한 것이다. 그런데다가 전세가도 많이 올랐다. 수리는 다행히 미완성된 신발장만 고쳤다고 한다.

그래서 들어간 비용이 총 1억 5천만 원이 조금 덜 되는데 지금 그곳의 가격은 2억이 넘는다.

바로 매각을 하면 3천여 만 원의 수익이 난다. 경매라는 것이 머리가 많이 아픈 것이 흠인데 아직 이런저런 일에 익숙하지 않은 탓일 것이다.

만약 그때 이런저런 신경 쓸 일 만들고 싶지 않아 입찰을 포기했다면 이렇게 저가로 부동산을 매입할 수 있는 기회를 놓쳤을 것이다. 두려움 앞에 물러서지 않은 자신이 대견했다.

비록 딸이 많이 도와주었지만 그래도 모든 마지막 결정은 자신이 했다. 혹, 일이 잘못되었다 하더라도 딸을 원망할 생각은 없었다.

이제 순분은 밭에 나가 일을 해도 장에서 채소를 팔고 있어도 든든한 뭔가가 생긴 것 같아 기분이 좋다.

오십이 넘어서도 무엇인가를 새롭게 익히고, 그것을 향해 한발 한발 부딪혀 가는 용기가 자신에게 있었다는 것을 발견한 게 그 무엇보다도 기쁘다.

이제 순분은 다음 물건은 혼자 해보리라 마음을 먹는다. 틈틈이 경매 공부도 계속해야겠다는 생각을 하니 다시 청춘이 돌아온 것 같은 기분이 든다.

낯선 길을 한 번 걸었을 뿐인데 그 두렵던 길이 순분의 세상을 바꾸어놓았다.

알에서 깨고 나오는 것은 고통스럽다.
하지만 그 껍질을 깨고 나오면,
반드시 더 큰 세상이 기다린다!

어머니가 처음 경매로 물건을 받겠다고 했을 때 어머니만큼이나 나 또한 심적 부담이 컸다. 힘들게 농사일을 하시는 부모님. 안쓰러운 마음에 뭔가 도움이 되었으면 싶었다. 또한 세상이 어떻게 돌아가는지, 딸이 어떤 일을 하는지 한번쯤 알려주고 싶다는 생각도 있었다. 굳이 그게 경매라는 투자가 아니어도 말이다.

하지만 이런 바람과 달리 어머니에게 더 큰 걱정거리를 만들어드리는 게 아닌가 하는 불안감을 떨칠 수가 없었다. 나 또한 어머니처럼 '용기'가 필요했다.

자식들 키우느라 본인의 청춘을 다 보내신 분이다. 그런 분의 삶이 자식들이 다 컸어도 여전하니 늘 마음 한쪽에는 죄송한 마음뿐이다.

안다. 어머니께서는 농사일도, 장터에 채소를 가져다 파는 일도 계속하실 것이다.

그것이야말로 어머니께서 제일 잘하고, 보람도 느끼는 일일 것이다. 하지만 자식들 걱정과 미래에 대한 불안함 때문에 이전에는 보람보다는 큰 짐과 같으셨을 것이다. 그래서 어깨에 짊어지고 계신 짐을 내려놓고 즐겁게 어머니께서 하시고 싶은 일을 하셨으면 하는 게 자식의 바람이다.

어머니는 오랜 세월 동안 갇혀 있던 틀을 깨고, 이제 세상을 보는 공부를 하고 있다. 자식들 키우려고 비바람 속에서도 농사일을 하셨던 그 강인함으로 어머니의 인생이 다시 밝게 시작되기를 기원한다.

프롤로그에서 못다 한 이야기

'그녀는, 앞서 출간한 『나는 쇼핑보다 경매투자가 좋다』 1권과 이 책 2권에서도 경매투자의 화려한 성공담을 거론하기보다는, 소소하고 작은 인생 이야기들을 들려주고 있다. 그런데 현재의 부동산 침체기를 두고는 지금이 경매(투자)의 적기라고 이야기한다.' 이 책들을 들쳐본 사람이라면 누구나 궁금해할 만한 이야기인데, 왜 그녀는 지금이 좋은 시기라고 이야기할까, 궁금하지 않을 수 없다.

…… 전쟁이 있을 것을 알면 미리 방비를 해야 하고, 때와 쓰임을 알면 그때 필요한 물건을 알게 됩니다. 이 두 가지를 분명하게 알면 모든 재물의 실정을 알 수 있습니다. 그러므로 세성(목성)이 서쪽에 있으면 풍년이 들고, 북쪽에 있으면 수해가 발생하

며, 동쪽에 있으면 기근이 들고, 남쪽에 있으면 가뭄이 듭니다. 가뭄이 든 해에는 미리 배를 준비해 두고, 수해가 있는 해에는 미리 수레를 준비해 두는 것이 사물의 이치입니다.

6년마다 한 차례 풍년이 들고, 6년마다 한차례 가뭄이 들며, 12년마다 한 차례 흉년이 듭니다. 쌀 값이 한 말에 20전이면 농민들이 고통을 받고, 90전이면 반대로 상인들이 고통을 받습니다. 상인들이 고통을 받으면 상품이 유통되지 않고, 농민이 고통을 받으면 논밭이 황폐해집니다.

쌀값이 비싸도 80전을 넘지 않고, 싸도 30전 아래로 떨어지지 않게 하면 농민과 상인이 다 함께 이롭습니다. 쌀값을 안정시키고 물자를 고르게 유통시켜 관문이나 시장에 물건을 넉넉하게 하는 것이 나라를 다스리는 길입니다.

물자를 축적하는 원칙은 물건을 온전한 채로 보존하는 데 힘써야 하는 것이지 물화를 오래 쌓아두는 것이 아니며, 물자는 서로 교역하고, 상하기 쉬운 것을 팔지 않고 남겨두어서는 안 되며, 또 비싼 것을 오래 가지고 있어서는 안 됩니다.

물건이 남아도는지 모자라는지를 알면, 그것이 귀한지 천한지를 알 수 있습니다. 비쌀 대로 비싸지면 헐값으로 돌아오고, 쌀 대로 싸지면 비싼 값으로 되돌아갑니다. 비싼 물건은 오물을 배설하듯이 내다 팔고, 싼 물건은 구슬을 손에 넣듯이 사들입니다. 물건과 돈은 흐르는 물처럼 원활하게 유통시켜야 합니다······.

'이러한 것을 실천에 옮긴 지 10년이 되니, 나라는 부강해지고……'하는 이야기가 『사기열전』에 나온다. 이 이야기를 빌어 궁금증에 대한답을 대신하고자 한다. 물론 다소 억지스러울 수도 있겠지만, 필자는이와 같은 마음을 하나하나 담아 진심으로 글을 써 나갔다.

누군가 어떤 유명한 분에게 다음과 같이 물었다. "당신은 왜 당신직업과는 전혀 다른 분야인 경제나 투자에 대한 글을 쓰고, 강연을 하죠?" 그분의 답변들 중에 '공생'이라는 단어가 나온다. 공생, '공생'이라……. 이 책을 읽는 모든 분이 한 번 되새겨볼 만한 말이지 않을까?이어지는 글로 부족한 설명을 더하려 한다.

아마 대부분의 사람은 우리나라의 미래에 대해 그리 밝은 전망을 갖고 있지 않을 것이다. 지금(2008년 11월 현재) 중대형 아파트의 가격 폭락과 미분양 아파트 문제로 부동산 시장이 어려움을 겪고 있고, 미국에서 시작된 서브프라임모기지 사태는 세계적인 금융 혼란과 위기를낳고 있다. 이런 상황에서 우리나라 역시 심한 몸살을 앓고 있기 때문에 더욱더 그러할 것이다.

금융위기설과 경기침체의 늪에서 벗어날 기미가 보이지 않는 이 시점에서 한 번 더 호황이 찾아올 거라는 소시민의 생각은 접어두고, 앞으로 10년 후를 생각하면 필자 또한 그리 명쾌하게 우리나라가 괜찮을 거라고 말할 수 없다. 우리나라의 성장률이 하락할 것이고, 부양해야 할 노인의 수가 많아질 노년기가 도래한다는 것은, 이미 우리 모두

가 다 알고 있는 당연한 이야기다.

그런데 정말 그러한가?

그렇게 생각하면 그렇게 된다고 하지 않았는가?

막연히 미래에 대해 불안해할 것이 아니라, 우리 스스로가 잘할 수 있는 일을 찾아보는 것은 어떠한가. 지금 우리가 할 수 있는 일은 분명히 있다. 그 해야 할 일을 제대로 해낸다면, 우리는 불안한 미래의 모습이 아니라 밝은 미래의 모습을 분명 다시 그릴 수 있을 것이라고 나는 확신한다. 또한, 그렇게 하기 위해 우리는 많이 달라져야 할 것이다. 그것은 '마음을 바꾸는 일'이며, '세상을 다시 보려고 시도하는 일'이다. 또한, 다시 보았다면 제대로 알기 위해서 '공부해야 하는 것'이 무엇보다 우선이 되어야 한다.

그렇지만, 그 공부들 중에 여기서 이야기한 경매투자만이 유일한 돌파구는 절대 아니다. 제발 그렇게 생각하지 말았으면 좋겠다. 우리가 세상을 알아가고 현명하게 살아갈 수 있는 방법은 많이 있다. 하지만 고성장에 비해 우리는 너무나도 터무니없는 교육수준에 놓여 있는 것이 문제라면 문제다. 그래서 반 토막 난 펀드를 환매해야 할지 고민하게 되고, 금값이 하락하자 이런 고점에서 금펀드에 들어갈지도 고민하게 되고, 유가가 천정부지로 계속 오르지 않을까 하는 두려움에 떨고, 무엇보다도 또 현물자산이 좋다며 현물자산에 투자를 한다.

이전의 투자 방법이 항상 똑같이 적용될 것이라고 생각하며, 남들이 돈을 벌었다는 주식투자 비법이나 부동산투자 비법을 따라하기만 하는 것이다. 하지만 가치주에 투자하는 방법이 가장 좋다는 것도 이제는 먹혀들지 않는 다른 양상의 시장이 되어 가고 있는데 우리는 늘 뒤처진 채 반복 학습만 한다. 그것은 기본을 너무 무시한 채 마음만 앞서가서 생기는 결과가 아닐까.

만약 기본에 대한 공부를 하지 않아서 늘 실패를 했다면, 이제는 마음을 다잡고 '기본에 대한 공부'를 해보면 안 될까?

필자도 그 기본에 대한 공부가 무엇이라고 딱 부러지게 말할 수는 없지만, 필자에게는 이런 것이다.

'투자에 대한 마인드'를 배우는 것이며,

'돈의 흐름'을 먼저 익히는 것이며,

성공은 '지식'보다도 우선 '태도'가 중요하다는 것을 아는 것이며,

자신이 부유해지는 것이 곧 '나라도 부강해지는 것'이라고 생각하는 것이며,

'베풀수록 더 많은 것'을 얻는다는 것을 알 때 더 큰 성공을 이룰 수 있다는 것을 체험해 보는 것이며,

'타인이 부유'해야 자신도 부유해질 수 있음을 깨닫는 것, 이러한 것 같다.

모든 사람이 놓치고 있는
'진실'과 '돈의 흐름'

　　말하고 싶다.

　경매라는 투자수단은 시장이 호황이든 불황이든 수익을 내줄 수 있는 수단임은 확실하다. 하지만, 이 칼을 제대로 활용한다는 것은 말처럼 결코 쉽지만은 않다. 경매가 다른 투자수단보다 더 안전하게 투자할 수 있는 만큼, 이에 대한 두려움은 더 컸었다. 그래서 그만큼 더 공부를 하게 되었고, 수익이란 결실을 본 것일 수도 있다.

　하지만 아무리 시장에서 수익을 낼 수 있는 상황이 갖추어진다 하더라도, 그 상황에 맞는 부동산을 매입했을 때라는 전제가 따른다. 시장 상황이 아무리 좋아도(또는 아무리 안 좋아도) 성공하는 투자자가 있는 반면, 실패하는 투자자도 있게 마련이다.

큰손들은 변덕이 심하다.

한 방향으로 흐르던 물길이 조금이나마 틀어지게 되면(어떤 규제라 든지, 정치적 현황이라든지, 세금문제 등의 이유라든지……), 이것이 나중에 가서는 전혀 다른 방향으로 나아가게 된다는 사실을 잘 알고 있으므로 투자의 방향을 수시로 바꾼다.

그런 방향이 이미 자리를 잡고, 모든 사람들이 확연히 볼 수 있는 시 점이 되면, 또 큰손들은 미미한 변화에 촉각을 곤두세운다. 그들이 포 착하고자 하는 것은, 아파트 폭락에 대한 예측도, 재건축 완화에 대한 정부의 입장 변화 등도 아니다.

바로 모든 사람이 놓치고 있는 '진실'을 파악하는 것이다.

그런데 그 '진실'이라는 것은, 사실 너무 간단하고 상식적인 것일 가 능성이 크다. 하지만 많은 사람이 그 간단한 진실의 핵심을 포착하지 못하고 있다. 그렇기 때문에, 시장은 항상 이런저런 정보들로 어지럽혀 지고 우리의 판단을 흐리게 한다.

그리고 감정적으로 우린 언론이 이야기하는 대로 동조하며, 불안해 하거나 흥분해 한다. 이런 걸 벗어나려면 우리는 '돈이 어떻게 흘러 가는지'를 파악해야 한다. 이 '돈의 흐름'의 파악이 우선 되어야만 제대로 된 투자를 할 수가 있는 것이다.

그런데 지금 이 글을 쓰고 있는 나 자신도 처음에 '흐름이라는 것'에 는 관심을 두지 않고, 부동산 투자에 무작정 뛰어들었다.

운이 좋아서일까?

그렇게 여기까지는 그럭저럭 오게 된 것에 신께 감사할 따름이다. 돈의 흐름을 공부하는 것은 바로 '경제공부'를 하는 것이다.

하지만 우리의 현실은 어떠한가?

어디에도 경제공부를 할 수 있는 곳은 없다. 매일 받아보는 경제신문의 용어들조차 우리는 거의 99%도 이해하지 못하고 있다. 그러면서 우리 경제가 어려울 것이다, 나아질 것이라고 판단을 내린다. 지금 점점 투자를 하기에 좋은 시기가 도래하고 있다. (이것은 믿지 말기를 바란다. 어디까지나 개인적인 견해이기 때문이다. 스스로 판단을 내려야 한다.)

하지만 지금 어떤 흐름의 단계에 와 있는지 알지 못한다면, 단풍을 즐기면서도 지금은 경제공부를 해야 한다.

앞으로 '돈의 흐름'의 속도는, 그 어느 때보다 빠를 것이다. 우리나라는 더더욱 그렇다. 인터넷 강국이라는 것이 결국 정보공유, IT강국으로 발돋움시켜주었지만, 한편으로는 더 넘비근성을 만드는 단점도 가지고 있는 셈이다. 우리가 살고 있는 현재는 그야말로 정보홍수의 시대다. 무분별하게 넘쳐나는 수많은 정보는 오히려 우리를 혼란스럽게 하기도 한다. 이런 정보 덩어리 속에서 단편적인 정보의 지식은, 그저 좋은 지식으로만 남게 될 수도 있다. 우리가 스스로 공부하고 깨우치지 않는다면 말이다.

하지만, 자신이 스스로 노력하여 깨닫게 된다면, 삶이 바뀔 수도 있다. 이러한 깨달음은 투자든 삶이든, 상황에 따라 확실한 판단을 내릴 수 있게 해주고, 이 판단에 대한 확고함은 투자(인생)에 대한 두려움을 극복하고, 실천할 수 있는 용기와 자신감을 덩달아 가져다 줄 것이다.

우리가 이렇게 하기 위해서 무엇보다 경제에 대한 관심과 이에 대한 공부를 지속적으로 해야만 할 것이다. 다시 한 번 이야기하건대, 제대로 판단하고, 제대로 투자를 하려면, 무엇보다도 '돈의 흐름', '경제 전반'에 대한 '공부'가 우선 되어야 함을 잊지 말았으면 한다. 알면서도 실천하지 못한다면, 우리는 또 한 번 큰 대가를 치러야 할지도 모른다.

부자파로스 박수진

55세 시골 아줌마 순분이의 경매 도전기!
나는 쇼핑보다 경매투자가 좋다 2

초판 1쇄 발행 2008년 11월 25일
초판 6쇄 발행 2016년 7월 26일

지은이 박수진
펴낸이 김선식
펴낸곳 (주)다산북스
출판등록 2005년 12월 23일 제313-2005-00277호

경영총괄 김은영
사업총괄 최창규
콘텐츠개발1팀장 류혜정 **콘텐츠개발1팀** 한보라, 박지아, 봉선미, 김희연
마케팅본부 이주화, 정명찬, 이상혁, 최혜령, 양정길, 박진아, 김선욱, 이승민, 김은지
경영관리팀 송현주, 권송이, 윤이경, 임해랑, 김재경

펴낸곳 다산북스 **출판등록** 2005년 12월 23일 제313-2005-00277호
주소 경기도 파주시 회동길 37-14 2~4층
전화 02-702-1724(기획편집) 02-6217-1726(마케팅) 02-704-1724(경영관리)
팩스 02-703-2219 **이메일** dasanbooks@dasanbooks.com
홈페이지 www.dasanbooks.com **블로그** blog.naver.com/dasan_books
종이 한솔피엔에스 **출력** 민언프린텍 **제본** 에스엘바인텍

ISBN 978-89-93285-01-7 03320

다산북스(DASANBOOKS)는 독자 여러분의 책에 관한 아이디어와 원고 투고를 기쁜 마음으로 기다리고 있습니다.
책 출간을 원하는 아이디어가 있으신 분은 이메일 dasanbooks@dasanbooks.com 또는 다산북스 홈페이지 '투고원
고'란으로 간단한 개요와 취지, 연락처 등을 보내주세요. 머뭇거리지 말고 문을 두드리세요.